Balzac, a obra-mundo

Balzac, l'œuvre-monde

Balzac, a obra-mundo

O Colóquio de São Paulo

Balzac, l'œuvre-monde

Le Colloque de São Paulo

Mônica Cristina Corrêa
Heloisa B. A. Costa
Laurent Desbois
Anne-Marie Grand
Gérard Grimberg
Leda Tenório da Motta
Edmond Nogacki
Ronan Prigent

Prefácio / Avant-propos
de Philippe Berthier

Estação Liberdade

Revisão / Correction d'épreuves Anne Prigent, Marise Leal, Tadeu M.Verza e Armando Nei
Composição / Composition Pedro Barros / Estação Liberdade
Capa / Couverture Antonio Kehl, sobre "Balzac", por Boulanger / sur "Balzac", par Boulanger
Coordenação editorial / Editeurs Angel Bojadsen e Patrick Houdin

Balzac, a obra-mundo : o colóquio de São Paulo = Balzac, l'œuvre-monde : le colloque de São Paulo / introdução de Philippe Berthier ; [tradução Luciano Vieira Machado, Mônica Cristina Corrêa]. -- São Paulo : Estação Liberdade, 1999.

Vários autores
Edição bilíngüe.
ISBN 85-7448-016-9

1. Balzac, Honoré de, 1799-1850 – Crítica e interpretaçăso I. Berthier, Philippe. II. Título. III. Título : Balzac, l'œuvre-monde : le colloque de São Paulo.

99-5001 CDD-840.9

Índice para catálogo sistemático:
1. Literatura francesa : História e crítica
840.9

Este livro foi publicado em associação com P. Houdin Editeur /
Cet ouvrage a été publié en association avec P. Houdin Editeur
63, rue de Charonne, 75011 Paris

A publicação deste livro contou com o apoio da Embaixada da França no Brasil e do Consulado Geral da França em São Paulo / *Cet ouvrage a ete publie avec l'appui de l'ambassade de france au Bresil et du consulat General de France a São Paulo*

Editora Estação Liberdade Ltda.
Rua Dona Elisa, 116 – 01155-030 – São Paulo SP
Tel.: (011) 3661 2881 / 3661 2882 Fax: (011) 825 4239
e-mail: editora@estacaoliberdade.com.br
http://www.estacaoliberdade.com.br

Índice / *Sommaire*

Prefácio

*Philippe Berthier**

Para Balzac, o Brasil está longe de ser uma terra a desbravar. Se, entre as literaturas estrangeiras, a literatura francesa sempre mereceu um afeto especial, o autor de *A comédia humana*, de sua parte, foi objeto de uma atenção muito particular, de que bastaria como testemunho eloqüente a notável tradução dirigida por Paulo Rónai, cujos méritos e fecundidade são reafirmados aqui, bastante oportunamente, por Mônica Cristina Corrêa.

Isso significa que o segundo centenário do nascimento de Balzac não poderia passar despercebido num país que sempre o freqüentou, dedicando-lhe uma estima especial. Entre as diversas manifestações organizadas nessa ocasião, o Colóquio que aconteceu em São Paulo em 26 e 27 de abril de 1999, cujas atas estão reunidas neste volume, ilustrou, numa amigável mistura de pesquisadores brasileiros e franceses, a vitalidade e a variedade das abordagens oferecidas por uma obra oceânica. Qualquer que seja a chave com a qual a interroguemos, ela sempre se abre para sentidos novos, e responde. Não se deve buscar qualquer outra lógica, na reunião destes trabalhos tão diferentes, senão a de um monumento-mundo

* Doutor em Literatura e Civilização francesas e professor na Sorbonne Nouvelle (Paris III).

que parece poder desdobrar ao infinito perspectivas inesgotáveis. Como Deus, Balzac não está apenas em um ou outro lugar, mas em toda a parte.

Anatomista de seu tempo, ele ausculta, em seu funcionamento mais concreto, os mecanismos sociais e os comportamentos da França revolucionada, revelando as leis não escritas, às quais todos devem se dobrar. Heloísa Costa resume sua análise da instituição do casamento (que seus contemporâneos consideravam ser sua especialidade), tão necessária à coesão da sociedade quanto perigosa para o desabrochar dos indivíduos e, singularmente, das mulheres. A partir de um elemento *a priori* anedótico de *A interdição*, Anne-Marie Grand aponta com magistral perspicácia para a contradição dinâmica entre as idéias reacionárias de Balzac e sua concepção assaz realista das relações de força e da moral (ou da imoralidade) social: deve-se, sem dúvida, deplorá-lo, mas a legitimidade da origem, ainda que impura, não deve ser nunca questionada, sob pena de desestabilizar os próprios fundamentos da casa comum. Balzac toma nota dos fatos, e não cede a esse vício do espírito que consiste em invalidá-los porque o desagradam: será que já se avaliou o alcance dessa lição?

Ambicionando levar adiante um projeto de antropologia integral, Balzac haveria de se defrontar, evidentemente, com os desafios da ciência, e se apreciará encontrar aqui o ponto de vista autorizado de um cientista sobre a química de *A procura do Absoluto*. Gérard Grimberg mostra de forma bem clara que no personagem de Baltasar Claës se combinam os avanços da pesquisa moderna e o velho sonho alquímico, essa tantalizante visão da unidade que costura a totalidade do universo balzaquiano: os gases, longe de contrariarem a metafísica, a ela conduzem... Fazendo um levantamento do museu ideal balzaquiano, Edmond Nogacki também aborda essas aniquiladoras regiões de transcendência pictórica (ou metapictórica) que em Frenhofer, assim como Claës, terminará por sossobrar: teria Balzac inventado, em arte, a experiência dos limites?

É à forma, a seus artifícios mais elaborados, a suas manobras sutis para submeter o leitor ao delicioso suplício da frustração, para drogá-lo com o mais estupefaciente dos excitantes: a ficção, que se aplica Ronan Prigent a propósito de *A duquesa de Langeais*, um vertiginoso jogo de sedução e de desengano indefinidamente recomeçado, que seria o próprio jogo da literatura que se recusa, para não fechar o caminho atrás de si, a esse suicídio que toda e qualquer saciedade representa.

Para além de Balzac, Leda Tenório da Mota faz com que Proust dialogue com ele. Ele o conhecia de cor, retomou-o e deslocou-o talvez até mesmo nesse enigmático remanejamento de última hora com o qual teria sonhado para o romance de Albertina. Proust, que, sem Balzac, seria absolutamente inimaginável, e, catedral a catedral, confronta com o dele seu próprio cosmos de sensações, de emoções e de imagens. Se o cinema ficou muito tímido diante de Proust, até a tentativa recente de Raúl Ruiz – em contrapartida fez abundante uso de Balzac, como o lembra Laurent Desbois: chegou-se a dizer que, pela riqueza de seus cenários, a maestria de suas decupagens e o caráter intensamente visual de sua escritura, Balzac antecipava a câmera.

Mas teria ele necessidade disso para pertencer ao nosso tempo? Deliberadamente modestas e parciais, as sondagens aqui reunidas convergem todas para a mesma evidência: Balzac, morto há um século e meio, falando-nos de um planeta que não mais habitamos, nunca esteve tão presente entre nós.

AVANT-PROPOS

*Philippe Berthier**

Pour Balzac, le Brésil n'est certes pas une terre de mission. Si, parmi les littératures étrangères, la littérature française y a toujours joui d'une « cote d'amour » certaine, l'auteur de *La Comédie humaine*, quant à lui, a été l'objet d'une attention toute particulière, dont suffirait à témoigner éloquemment la remarquable traduction donnée par Paulo Rónai, dont ici même Mônica Cristina Corrêa réaffirme opportunément les mérites et la fécondité.

C'est dire que le deuxième contenaire de la naissance de Balzac ne pouvait passer inaperçu dans un pays qui l'a toujours pratiqué avec une dilection spéciale, parmi toutes les manifestations organisées à cette occasion, le colloque qui s'est réuni à São Paulo les 26 et 27 avril 1999, dont ce volume rassemble les actes, a, dans une amicale promiscuité de chercheurs brésiliens et français, illustré la vitalité et la variété des approches offertes par une œuvre océanique. Quelle que soit la clef avec laquelle on l'interroge, elle s'ouvre toujours vers des sens nouveaux, et répond. Pas d'autre logique à chercher dans la réunion de ces travaux très différents que celle d'un monument-monde qui semble pouvoir déployer à l'infini des perspectives inépuisables.

---

* Docteur en Littérature et Civilisation françaises et Professeur à la Sorbonne Nouvelle (Paris III).

Comme Dieu, Balzac n'est pas ailleurs que partout.

Anatomiste de son temps, il ausculte dans leur fonctionnement le plus concret les mécanismes sociaux et les comportements de la France révolutionnée, mettant au jour les lois non écrites auxquelles tous doivent se plier.

Héloisa Costa résume son analyse de l'institution du mariage (qui passait pour sa spécialité aux yeux de ses contemporains), aussi nécessaire à la cohésion de la société que périlleuse pour l'épanouissement des individus, et singulièrement des femmes.

A partir d'un élément a priori anecdotique de *L'Interdiction*, Anne-Marie Grand dégage avec une perspicacité magistrale la contradiction dynamique entre les idées réactionnaires de Balzac et sa conception très réaliste des rapports de force et de la morale (ou de l'immoralité) sociale: on doit sans doute le regretter, mais la légitimité de l'origine, même impure, ne doit jamais être remise en cause, sauf à déstabiliser les assises mêmes de la maison commune. Balzac prend acte des faits, et ne cède pas à ce vice de l'esprit consistant à les invalider parce qu'ils déplaisent: a-t-on bien mesuré la portée de la leçon?

Ambitionnant de mener à bien un projet d'anthropologie intégrale, Balzac devait évidemment s'affronter aux défis de la science, et l'on appréciera de trouver ici le regard autorisé d'un scientifique sur la chimie de *La Recherche de l'Absolu*. Gérard Grimberg montre de façon très claire que dans le personnage de Balthazar Claës se combinent les avancées de la recherche moderne et le vieux rêve alchimique, cette tantalisante vision de l'unité qui faufile l'intégralité de l'univers balzacien: les gaz, loin de contrarier la métaphysique y conduisent... En dressant le catalogue du Musée idéal balzacien, Edmond Nogacki aborde lui aussi les consumantes régions de la transcendance picturale (ou outre-picturale), où Frenhofer, comme Claës, finira par sombrer. Balzac aurait-il inventé, en art, l'expérience des limites?

C'est à la forme, à ses ruses les plus retorses, à ses manigances subtiles pour soumettre le lecteur au délicieux supplice de la frustration, pour le droguer par le plus stupéfiant des excitants: la fiction, que s'attache Ronan Prigent à propos de *La Duchesse de Langeais*, jeu vertigineux de séduction et de déception indéfiniment relancé, qui serait celui-même d'une littérature se refusant, pour ne pas refermer son sillage, à ce suicide qu'est tout assouvissement.

En aval de Balzac, Leda Tenorio da Motta fait dialoguer Proust avec lui. Il le connaissait par cœur, l'a repris et déplacé, peut-être jusque dans cet énigmatique remaniement de dernière heure auquel il aurait songé pour le roman d'Albertine. Proust, qui, sans Balzac, est tout simplement inimaginable, et, de cathédrale à cathédrale, confronte avec le sien son propre cosmos de sensations, d'émotions et d'images. Si le cinéma est resté très timide devant Proust, jusqu'à la tentative récente de Raúl Ruiz, il a puisé dans Balzac à pleines mains, ainsi que le rappelle Laurent Desbois: on a même pu dire que, par la richesse de ses scénarios, la maîtrise de ses découpages et le caractère intensément visuel de son écriture, Balzac anticipait la caméra.

Mais avait-il besoin de cela pour être de notre temps?

Délibérément modestes et partiels, les sondages ici réunis convergent tous vers la même évidence: Balzac, mort il y a un siècle et demi, et qui nous parle depuis une planète que nous n'habitons plus, n'a jamais été davantage avec nous.

Honoré de Balzac: Do pintor real à personagem romanesca

*Edmond Nogacki**

Em 1950, prestando homenagem ao autor de *A comédia humana*, François Mauriac encontrava inflexões proféticas inesperadas nas obras balzaquianas, aparentemente tão distanciadas dos romances de "jovens mestres" como Alain Robbe-Grillet, Michel Butor ou Nathalie Sarraute.

> *Poder-se-ia talvez afirmar sem paradoxo que o próprio Balzac continua sendo nos dias de hoje o mais atual e o mais fecundo, naquilo que ultrapassa em sua obra a literatura balzaquiana entendida no sentido tradicional da expressão* [...] *Assim podemos dizer sem paradoxo que a carreira de Balzac está apenas no começo.*

Citada por Claude Mauriac[1], essa afirmação que se oferece à sagacidade dos que "buscam o futuro" bem poderia ultrapassar o âmbito da estética romanesca e aplicar-se à arte em geral e à pintu-

* Diretor do Instituto Cultural Universitário e professor na Universidade de Valenciennes e do Hainaut-Cambrésis, França.

1. *Balzac commence sa vraie carrière*, de Claude Mauriac in *Honoré de Balzac*, "Génies et Réalités", Hachette, 1959, p. 279.

ra em particular. Porque, afinal, desde suas primeiras obras Balzac refere-se tanto aos pintores do passado quanto aos do seu tempo, não hesita em tomar partido nas polêmicas da crítica artística e até cria seus próprios tipos de artistas pintores como Teodoro de Sommervieux, em *Ao "Chat-qui-pelote"*, Frenhofer em *A obra-prima ignorada*, Jean-Jacques Bixiou em *A pele de Onagro*, Hipólito Schinner em *A bolsa*, Pedro Grassou na obra que tem o seu nome, Joseph Bridau em *Um conchego de solteirão* e finalmente León Didas y Lora, cuja personalidade afirma-se em *Uma estréia na vida*. Se consideramos elementos não desprezíveis essas outras criaturas romanescas que são Dubourdieu, Gendrin e Servin – respectivamente pintor, desenhista e professor de desenho – teremos, a partir de 1829-1830, nos dez destinos que se determinam e às vezes se cruzam em mais de uma trintena de contos e romances, a soma das reflexões de Balzac sobre a pintura, sendo que *A obra-prima ignorada* constitui, como confessa o próprio romancista, seu "testamento estético". Um certo número de artigos críticos, e mesmo obras, dedicados ao assunto tentaram explorar esse domínio particular, e dele inferir a concepção pictórica de Balzac. Sempre que necessário, faremos referências a esses trabalhos, mas de forma moderada, porque as preocupações dos pintores românticos da Restauração, assim como as de Balzac, seu juíz e crítico, quase sempre se reportam, aí, a um contexto histórico redutor ou a uma idéia simplificadora da história da arte que pararia em Courbet e, na melhor das hipóteses, nos impressionistas. Ora, o poder visionário do gênio ultrapassa de muito os cerca de dez ou vinte anos que se seguem ao seu desaparecimento. Se é verdade que Balzac é um gênio – e por que duvidar quando Hugo e Baudelaire concordam tranqüilamente com isso?[2] – temos de admitir, como escrevia Diderot, que suas luzes iluminam também nosso tempo:

> *Nas artes, nas ciências, nos negócios, o gênio parece mudar a natureza das coisas; seu caráter se transfunde para*

2. "A França perdeu um de seus maiores gênios...", Baudelaire in *Edgar Allan Poe, Œvres complètes de Baudelaire*, Seuil, 1968, p. 320.

aquilo em que toca, e suas luzes se projetam para além do passado e do presente, iluminam o futuro; ele ultrapassa seu próprio século, que não consegue acompanhá-lo; ele afasta de si o espírito que o critica com razão, mas que, na sua marcha sempre igual, [não foge nunca] à uniformidade da natureza[3].

Mais que a análise de um postulado, pretendemos empreender uma nova leitura dos textos balzaquianos, confrontrando-os, naturalmente, com as intuições dos pintores que Balzac freqüentou, amou e finalmente integrou ao seu universo mental, mas também e principalmente aproximando-os das teorias e das práticas em voga atualmente.

Os pintores de outrora e os mais recentes

Em seu prefácio a *A obra-prima ignorada*[4], René Guise lembra, como o fizera Pierre Laubriet, que Balzac era um grande leitor de obras de história e principalmente de história da arte, obras que possuía e das quais fazia largo uso: *La vie des peintres flamands, allemands et hollandais*, de Jean Baptiste Descamps (Paris, 1753-1763), o *Guide des amateurs de peinture*, de Gault de Saint-Germain (Paris, 1817) e também, sem nenhuma dúvida, *Les entretiens sur les vies et sur les ouvrages des plus excellents peintres anciens et modernes*, de Félibien (Paris, 1666-1668). Colheram-se, assim, quase oitenta referências nesses livros enciclopédicos e biográficos, e o uso que delas se fez mereceu percucientes estudos de Olivier Bonard[5], de Pierre Laubriet[6] e dos críticos

3. *Œuvres esthétiques*, Diderot, Classiques Garnier, 1988, p.17
4. *Balzac, Œvres complètes*, Pléiade Gallimard, t. X, p. 409 e seguintes.
5. *La Peinture dans la création balzacienne*, Olivier Bonard, Droz, 1969.
6. *L'intelligence de l'art chez Balzac*, Pierre Laubriet, Slaktine reprints, Paris: Genebra, Gex, 1980.

das revistas *Poétique*[7] e *L'année balzacienne*[8]. A evocação do nome de um pintor do passado cria uma cumplicidade cultural entre o autor e o leitor na medida em que ela faz parte do projeto de representação. Essa função referencial baseia-se em esquemas convencionais, verdadeiros clichês culturais que associam a graça, a juventude e a nobreza à Itália, as formas mais pesadas a Flandres e aos Países Baixos, a dureza dos traços e o rigor à Alemanha. Assim, Modesta Mignon, Luísa de Macumer, a duquesa de Catanés ou Augustina Guillaume comporiam uma harmonia delicada de figuras tomadas de empréstimo a Giotto, Rafael e Leonardo da Vinci, enquanto a prima Bette remeteria antes às *Virgens* de Dürer, de aspecto mais severo. Da mesma forma, o termo de comparação se reduz ao contorno, ao aspecto geral, a uma linha, que trazem, ao mesmo tempo que o elemento descritivo, uma primeira abordagem psicológica e moral do personagem.

> *Mas, examinada de perto, a descrição figurativa quase sempre se limita à declinação doxológica de campos semânticos: é a graça virginal, sublime, angélica de Rafael, a probidade grave e refletida ou a candura ingênua e seráfica de Ticiano*[9].

Para isso recorre-se aos quadros mais célebres: *Madalena Doni*, *A madona*, de Foligno, *O casamento da Virgem, São João Batista no deserto, São Lucas pintando a Virgem*, as *Stanze, A transfiguração, A madona Sistina*, a *Visão de Ezequiel* e o *Carregando a cruz* de Rafael têm, segundo o barão Hulot, na *Prima Bette*, "o mesmo valor", ainda que determinadas obras tenham "um esplendor visível a todos os olhos, mesmo os dos ignorantes", enquanto outros

7. Citemos, em especial:
   - "*Balzac et la représentation*", de Roland Le Huenen e Paul Perron, *Poétique* n. 61, fev. 1965.
   - "*Le tableau: description et peinture*", de Bernard Vouilloux.
   - "*La toile déchirée*", de Franc Schwerewegen, *Poétique* n. 65, fev. 1986.
8. Principalmente o n. 59 de 1986 sobre o tema *Être artiste.*
9. *Op. cit.*, Roland Le Huenen e Paul Perron, p. 78.

"exigem do admirador instruído uma espécie de tensão, um estudo para ser compreendido em todas as suas partes..."[10]. Cabe então à metalinguagem crítica corrigir as disparidades culturais e garantir, por meio de uma qualificação verbal cúmplice, o sentido da leitura da representação. Assim, "Rafael é o pintor que melhor captou a beleza judia"[11].

Tais procedimentos estilísticos constituem, porém, uma confissão da incapacidade de evocação do verbo, que não consegue transmitir a impressão primeira do romancista. A exigência de absoluto se dissolve em notações aproximativas, que são arrastadas por um turbilhão vertiginoso onde a imaginação se perde. A escritura e a visão que ela pretende transmitir condenam-se à incomunicabilidade:

> *Era uma dessas fisionomias que, entre mil desdenhadas por serem desprovidas de caráter, nos atraem durante um momento, nos fazem pensar; como, entre os inúmeros quadros de um museu, somos fortemente impressionados, seja pela cabeça sublime em que Murilo pintou a dor materna, seja pelo rosto de Beatriz Cinci onde Guido de Reni soube fixar a mais tocante inocência no fundo do mais espantoso crime, seja ainda pela sombria face de Filipe II onde Velásquez imprimiu para sempre o majestoso terror que deve inspirar a realeza. Certas figuras humanas são imagens despóticas que nos falam, nos interrogam, que respondem a nossos pensamentos secretos, e constituem até poemas inteiros. O rosto impassível da senhora d'Aiglemont era um desses poemas terríveis, uma dessas faces espalhadas aos milhares na* Divina comédia *de Dante Alighieri*[12].

Para penetrar sob o verniz do rosto fechado do personagem, o barroquismo das evocações pictóricas de Murilo, Velásquez e Guido

10. *La Cousine Bette*, Pléiade, t. VII, p. 78.

11. *Splendeurs et misères des courtisanes*, t. IV, p. 464.

12. *La Femme de trente ans*, Pléiade, t. II, p. 1205.

apoiadas, talvez ampliadas, pelos pares lexicais – sublime/majestoso, crime/inocência, dor/tocante, espantoso/terror – vem se desagregar nas figuras fragmentadas, "espalhadas aos milhares", do poema dantesco. A escritura balzaquiana, depois dessas incursões na pintura, vem depor as armas escondendo-se por trás de um outro texto, no caso *A divina comédia*.

Contudo, "um pintor que faz apenas retratos não pode pretender a honra que os mais sábios recebem... subindo ainda mais alto, é preciso, por meio de composições alegóricas, saber insinuar, sob o véu da fábula, as virtudes dos grandes homens, e os mistérios mais subidos"[13]. A hierarquia dos gêneros, tal como Félibien definiu em pintura, permanece, apesar dos discursos revolucionários dos românticos. A fábula, a história, a alegoria serão temas privilegiados pelos pintores da Restauração, e o próprio Balzac terá a ambição, com a *Batalha*, de rivalizar com os grandes pintores de temas históricos. O romance não se concretizará, apesar da impressionante documentação – sobretudo iconográfica – coligida sobre a batalha de Essling. É o "livro impossível" cujas ambições e limites, que o próprio Balzac se impõe, são analisados por Le Huenen e Perron, em seu artigo já citado.

> *Semelhante demais a um quadro para funcionar como relato, incapaz de articular e harmonizar dois espaços heterogêneos, a* Batalha *não poderia ser escrito e não passará de um livro impossível*[14].

O Parnaso de Balzac ignorará os grandes pintores de batalhas e as composições mitológicas de grande envergadura: nem Paolo Ucello, nem Altdorfer, nem Mantegna merecerão ser citados em *A comédia humana*. A história da pintura começa com Giotto e Orcagna no *Trecento*, um comparável, por seu estilo, ao músico

13. Prefácio às *Conférences de l'Académie royale de peinture et de sculpture pendant l'année 1677, 1678, 1973*, anexo 17 a "Nathalie Heinich: Du peintre à l'artiste", A. Félibien, Éd. de Minuit, 1993.

14. *Op. cit.*, p. 86.

veneziano do século XVIII Benedetto Marcello e outro por suas "deliciosas raparigas" em "A igreja de San Michele em Florença". Nem uma referência a Cimabue, Duccio, Masaccio, Fra Angelico ou Piero della Francesca, por exemplo. Do *Quattrocento* registram-se apenas três italianos, Bartolomeo della Porta, Giorgione e Botticelli, aos quais se acrescenta um flamengo: Jan Van Eyck. Dos séculos seguintes até o século XVIII, observam-se omissões estranhas como as de El Greco, Caravaggio, Vermeer de Delft e Hubert Robert, pintores que são mais conhecidos dos contemporâneos de Balzac que Giovanni Ballista Carbone, Carlino Dolci do século XVII italiano, ou Jan Davidsz de Hem e Mierio, o Velho, da mesma época na Holanda. O *parti-pris* enciclopédico é tomado de forma incorreta por causa da magnitude de suas ambições: até o fim do século XVIII Balzac guarda setenta e seis nomes de pintores mas muitos deles são citados uma só vez e sempre de forma incidental. Na verdade, entre estes os mais apreciados são Rafael, Michelangelo, Correggio, Dürer, Rubens, Murilo, Rembrandt, Poussin, Watteau e Greuze, o que não deriva nem de uma grande originalidade nem de um gosto claramente definido. O interesse que desperta prende-se seja a uma particularidade biográfica – precocidade, vontade, capacidade de trabalho – seja a uma característica de estilo – qualidade do desenho, tratamento de um tema, atmosfera de uma obra ou cromatismo singular. Mas, fundamentalmente, os pintores e as pinturas do passado tiram o caráter de realidade dos personagens e os acontecimentos do romance. A ficção se enriquece com fantasias de um saber posto em imagens, assim como a realidade de uma obra pictórica se abstrai numa narração. É a lição de Barthes em *S/Z*, como sem dúvida foi a intuição de Balzac leitor de Swedenborg:

> *"Toda descrição literária é uma vista" escrevia o primeiro. "Descrever é, pois, colocar o quadro vazio que o autor realista transporta sempre consigo (mais importante que seu cavalete) diante de uma coleção ou um* continuum *de objetos inacessíveis à palavra sem essa operação maníaca (que poderia fazer rir, como uma gag); para poder falar disso, é preciso que o escritor, por meio de um ritual inicial, transforme*

em primeiro lugar o 'real' em objeto pintado (enquadrado); depois do que, ele pode tirá-lo da parede: em uma palavra: descrevê-lo..."[15].

Sem dúvida, aqui se pode compreender melhor o procedimento poético de Yves Bonnefoy confrontando-se com os quadros de Poussin, Elsheimer, Mantegna ou Fra Angelico em *L'improbable* (1993) ou em *Dessin, couleur et lumière* (1995). Se esse poeta tirou sua reflexão de *L'anti-Platon* (1947), Balzac colheu a sua nas lições de Emmanuel Swedenborg, ao qual dedicou dois estudos filosóficos: *Seráfita* e *Luís Lambert*:

> *O Espírito Angélico vai muito mais além, seu saber é o pensamento, de que a ciência humana é apenas a palavra; ele tira seu conhecimento do Verbo, aprendendo* AS CORRESPONDÊNCIAS *pelas quais os mundos se harmonizam com os céus*[16].

O Verbo do *Gênesis* renasce no do escritor que a partir daí encerra a verdadeira realidade, fora das construções filosóficas dos "Kant, Fichte ou Hegel e outros farsantes"[17]. Tudo é uma questão de palavras – poesia ou relato romanesco – mesmo a experiência amorosa ou a morte, como o prova o fim de *A duquesa de Langeais*:

> *Era uma mulher, agora não é nada... já não pensamos nela senão como um livro lido na infância. Sim, disse, Montriveau, porque já não é mais que poema*[18].

15. *S/Z*, Roland Barthes, Seuil, 1970.
16. *Seraphîta*, Pléiade, t. XI, p. 778.
17. *La Duchesse de Langeais*, Pléiade, t. V, p. 1037.
18. *La Duchesse de Langeais*, Pléiade, t. V, p. 1037.

O espaço pictórico romântico

A idéia de *Seráfita* teria ocorrido a Balzac em 17 de dezembro de 1833, quando visitava o ateliê do escultor Bra. Sabemos também que ele freqüentava o ateliê de um outro escultor especialmente influente na época, Pierre-Jean David, chamado David d'Angers, que recebia artistas, escritores e filósofos toda quarta-feira. Balzac era seu amigo. *O Cura de Tours* será dedicado a ele. O artista deixará três retratos do escritor – dois medalhões, um desenho – além do busto que está no Museu Carnavalet, e do bronze para o Père Lachaise. Além disso, desde 1829 Balzac freqüentará assiduamente pintores como o barão Gérard e Eugène Delacroix, a quem dedicou *A menina dos olhos de ouro* (1834-1835). De fato, desde a infância tudo o levava para a pintura. Um pintor anônimo fez os retratos de cada um dos membros da família Balzac, e principalmente do futuro escritor, que tinha então apenas cinco anos. Ele próprio tinha muita inclinação para o desenho, como o mostra um auto-retrato feito a pena, de 1821. Enfim, podemos seguir sua evolução física até seu leito de morte reportando-nos aos numerosos trabalhos pictóricos que lhe são dedicados: os desenhos de Achille Deveria, Bertall, Nadar, Maurice Sand, Gavarni, aquarelas e pastéis de Paul Chardin, Gérard Séguin, pinturas de Louis Boulanger, sem contar as numerosas caricaturas ou retratos-charges de Félix Tournachon, Jean Platier, Daumier, Nadar ou Grandville. A essa lista não exaustiva é preciso acrescentar as esculturas de Dantan, Rodin, Falguière e David d'Angers. É verdade que muitas dessas obras se devem à celebridade do autor de *A comédia humana*, mas grande número delas são testemunhos de amizade, quando sua popularidade ainda não estava estabelecida. Assim, Balzac não pôde ficar indiferente aos debates sobre pintura que opunham os defensores do Neoclassicismo, discípulos de Louis Jacques David ou êmulos de Jean Auguste Dominique Ingres, aos ardentes defensores do Romantismo que foram Girodet-Trisson, Géricault e Delacroix. As exposições de Nantes, Paris e Piacenza, organizadas em 1995 sobre *Os anos românticos, a pintura na França de 1815 a 1850*, tornaram patente a febre criadora da época e um entusiasmo crescente do público pela pintura. A partir de 1817 Balzac passa a visitar as exposições bienais, que se tornam anuais a partir de 1833. Estas apresentaram mais de cinco mil obras em 1848 e receberam um milhão e duzentos mil visitantes em 1846. Mas a curiosidade insaciável de Balzac levou-o a interessar-se pelos pintores estrangeiros: alemães, como Johann Friedrich Wilhem von Muller, Schnoor von Carolsfeld, ingleses como John Martin, Richard Westall, ou suíço como Jean-Gabriel Scheffer. Contudo, entre os setenta e três pintores citados com maior ou menor freqüência em *A comédia humana*, não encontramos nenhum dos grandes nomes da pintura inglesa da época, nem Constable (1776-1837), nem Blake (1757-1827), nem Gainsborough (1727-1808), nem Turner (1775-1851), nem Fuseli (1741-1825). É de surpreender que ele não tenha citado Caspar David Friedrich (1744-1840), nem nenhum dos grandes representantes do Romantismo alemão. Da mesma forma, no campo francês os grandes paisagistas como Corot (1796-1875), Théodore Rousseau (1812-1878) e Charles-François Daubigny (1817-1870) não merecerão nenhuma menção. Mas, como já havíamos pressentido no que tange aos pintores de antes do Romantismo, a sensibilidade de Balzac é quase exclusivamente voltada para os caracteres humanos. O julgamento de Baudelaire corrobora essa análise. O traço carregado de sentido tem mais encanto para ele que o efeito cromático de uma paisagem de Corot ou de Daubigny.

> *Chamou-se, com razão, as obras de Gavarni e de Daumier de complementos d'*A comédia humana. *Estou convencido de que o próprio Balzac não estava muito longe de adotar essa idéia, que é tanto mais justa quanto o gênio do pintor de costumes é um gênio de natureza mista, isto é, tem uma boa dose de espírito literário* [...] *Às vezes ele é poeta; quase sempre ele se aproxima do romancista ou do moralista; ele é o pintor da circunstância e de tudo que ela sugere de eterno*[19].

19. *Le Peintre de la vie moderne*, *Œuvres complètes*, Baudelaire, Seuil, p. 550.

É assim que para além das querelas que opõem os coloristas aos desenhistas, o que atrai Balzac num pintor é sua habilidade em expressar uma impressão ou um caráter.

> *Seria preciso o pincel de Ingres para mostrar a altivez da fronte, a profusão dos cabelos, a majestade do olhar, todos os pensamentos que as cores particulares da tez traduzem*[20].

Sensível a um "croquis de Decamps"[21], a "um desses rostos melancólicos" que encontra em *A revolta do Cairo* de Girodet[22], à "miséria dos andrajos, à miséria do povo, a mais poética, aliás"[23] pintada por Nicolas Toussaint Charlet, Balzac reúne aqueles que se encontram separados em função de opções estéticas. De David, "esse astro frio", segundo Baudelaire, e seus "satélites históricos, espécie de abstratores de quintessência"[24] que são Guérin e Girodet, a Delacroix, que era capaz de desfalecer por causa de uma cor[25], a originalidade do pintor para Balzac prende-se a sua faculdade de criar um tipo humano ou de inventar um signo pictórico particular. Quanto ao mais, ele se contenta em notar que se deve preferir "a primeira fase de Dubuffe"[26], que Delacroix e Ingres receberam muitas injúrias e, ao mesmo tempo, "os louvores e os fanatismos de seus partidários"[27] e que Paul Chenavard se perdeu na propaganda e na teoria[28]. Se nos limitássemos a essas referências evidentemente circunstanciais, que derivam antes da cumplicidade entre amantes da arte que de verdadeiros engajamentos estéticos, poderíamos pensar que o gênio visionário não percebeu nenhum dos desafios

20. *Madame Firmiani*, Pléiade, t. II, p. 152.
21. *Une Fille d'Eve*, Pléiade, t. II, p. 315.
22. *Les Marana*, Pléiade, t. X, p. 1039.
23. *La Rabouilleuse*, Pléiade, t. IV
24. Baudelaire: *Ingres – Exposition Universelle 1855*, Œuvres complètes, Seuil, p. 365.
25. *La Rabouilleuse*, Pléiade, t. IV, p. 377.
26. *Pierre Grassou*, Pléiade, t. IV, p. 1000.
27. *Id.*, Pléiade, t. VI, p. 1091.
28. *Les Comédiens sans le savoir*, Pléiade, t. XII, p. 1144.

da pintura romântica, *a fortiori*, dos desdobramentos que logo viriam a ter. Esta seria uma abordagem muito parcial da filosofia artística de Balzac, que preferirá confiar a suas criaturas romanescas a tarefa de ilustrar as opções sociais, éticas e estéticas discutidas por seus contemporâneos.

Os pintores fictícios de *A comédia humana*

Sete pintores maiores criados por Balzac aparecem em diferentes obras de *A comédia humana*. Se deixamos de lado Frenhofer, personagem central de *A obra-prima ignorada*, os seis outros cruzam seus destinos em trinta e um contos ou romances. Cada um deles, como todos os protagonistas de *A comédia humana*, nos é apresentado desde o nascimento, passando por sua formação, carreira pessoal e profissional até a sua morte. Três outros pintores criados por Balzac ocupam um lugar menor, e mesmo desprezível, em sua obra: Gendrin, de costumes dissolutos, só aparece uma vez em *A prima Bette*; Dubourdieu, sem dúvida avatar de Paul Chenavard, mostra em suas três aparições em *Os comediantes sem o saberem* como um pintor pode dissipar o seu talento por força dos engajamentos ideológicos, e por fim Servin, em *A vendeta* e *Pedro Grassou*, sofre a incompreensão daqueles que o rodeiam.

Arte e sociedade

O valor artístico tem o seu padrão de aferição: o dinheiro e o reconhecimento social. Em todos os momentos, a troca de uma obra por sua contrapartida financeira dá origem a um regateio, a um desafio quase sempre sério, mas às vezes divertido. Mesmo Frenhofer, convencido por Poussin e Porbus a retomar sua busca do Absoluto realizando sua obra definitiva, *Um conchego de solteirão*, logo encontrará um comprador e um espectador interessado. O sucesso passa por concessões necessárias à sobrevivência do artista, concessões – diríamos nós – às leis do mercado. Joseph Bridau, criação de Balzac inspirada na vida e obra de Eugène Delacroix, submete-se ao *diktat* dos marchands.

> *Com esses trabalhinhos, com a encomenda dos marchands, eu poderia ganhar de mil e oitocentos a dois mil francos, já descontadas as despesas. Ora! Na próxima exposição, exponho esse quadro e se gostarem dele estou feito: meus amigos o aprovam*[29].

No caso desse artista, a fé em sua arte se mantém: ele não confunde o ganho que pode ter com uma obra de encomenda, no caso a cópia da obra de outro pintor, com sua missão. Melhor que isso: ele sabe tirar partido da circunstância para "instruir-se um pouco", "descobrindo os segredos do ofício".

O conceito de artista, hoje aceito com muita condescendência, se impôs a duras penas no terceiro quartel do século XVIII, como o mostra Nathalie Heinich[30]. Artes liberais e artes mecânicas continuam a se contrapor sem que uma chegue realmente a suplantar a outra, mesmo hoje, e Bernardo Deloche lembra, de forma oportuna, que atualmente, assim como para os enciclopedistas: "Quando se pretende elevar [o trabalhador] ao nível das atividades dignas de consideração, ele é chamado de artista; quando, ao contrário, se deseja indicar o valor que se lhe atribui, ele se torna simples artesão"[31]. A clivagem entre essas duas funções sociais se operou juridicamente em 1648, com a instituição da Academia Real de Pintura e Escultura. Com a promoção do invidualismo e a subseqüente contraposição do gênio ao talento, a ambigüidade das relações com a sociedade aumentou. O famoso processo movido por Brancusi contra as autoridades aduaneiras americanas tem origem numa confusão do trabalho artesanal, manufaturado, com a obra artística.

29. *La Rabouilleuse*, Pléiade, t. IV, p. 318.

30. *Du Peintre à l'artiste*, Nathalie Heinich, Éd. de Minuit, 1993.

31. *Artisans et artistes: une philosophie du travail dans l'Encyclopédie*. B. Deloche, 1978, in *Le travail*, Paris: Éd. Marketing, p. 268.

Balzac quer dissociar as duas atividades apresentando a nobreza da Arte, mas reclamando para ela um *status* social privilegiado.

Jean-Jacques Bixiou, que segundo o autor se deve pronunciar Bisiou, e seu companheiro Léon Didas y Lora, cognominado Mistigris, em *Os comediantes sem o saberem* exploram a ambigüidade um pouco à maneira dos espertalhões que hoje se valem de seus talentos de plagiários ou de provocadores para turvar a compreensibilidade da arte contemporânea. O primeiro, em quem podemos reconhecer Henry Monnier ou Gavarni, aparece em dezoito obras balzaquianas, às vezes como caricaturista mas quase sempre como mistificador.

> *Notável em suas mistificações, ele as variava com tanta habilidade que sempre conseguia enganar alguém*[32].

O segundo, especializado em distorcer provérbios e trocadilhos, ganha fama de ser divertido, de conviva engraçado em nove livros de Balzac, mas principalmente em *Os comediantes sem o saberem* e em *Uma estréia na vida.* Se "les bons comtes font les bons tamis" e "la pépie vient en mangeant"* lhe valem uma certa consideração numa sociedade cujo nível pode-se bem imaginar, nem por isso ele deixa de ser um pintor hábil e consciente do que um artista verdadeiro deve ser. Sua celebridade finalmente estará ligada à sua pintura de paisagens e de marinhas, mas sabe-se também que esses temas não são os mais valorizados na hierarquia dos gêneros.

Bixiou alia ao seu talento para a mistificação qualidades de invenção, mas também, para sua infelicidade, uma displicência pouco própria ao trabalho consciencioso e à constância necessária para progredir na arte.

---

32. *Les Employés*, Pléiade, t. VII, p. 974.

* *Les bons comtes font les bons tamis* (Os bons condes fazem as boas peneiras). Forma correta: *Les bons comptes font de bons amis* (As boas contas fazem os bons amigos). *La pépie vient en mangeant* (A sede vem em se comendo). Forma correta: *L'appétit vient en mangeant* (O apetite vem em se comendo). (N. do T.)

> *Enfim, esse artista verdadeiramente profundo mas pouco esclarecido equilibrava-se na vida como um balanço, sem se preocupar com o dia em que a corda viesse a rebentar*[33].

Como se sabe, a fascinação pelos prazeres oferecidos pela vida social agradável será a perdição de Luciano de Rubempré. Balzac reserva uma melhor sorte para esses dois pintores de sua invenção. Se ele cuida um pouco melhor de seu futuro e se revela menos rigoroso com León Didas y Lora, em compensação sua análise do personagem de Bixiou soa como uma condenação. Sem dúvida, o amador de acontecimentos sociais que Balzac era tem aqui a oportunidade de fustigar uma de suas próprias tendências, embora aqueles que realmente são grandes trabalhadores sempre achem que têm preguiças imperdoáveis.

> *Esse homem que será só sentido e só espírito perdia-se por causa de uma sofreguidão pelos prazeres de todo tipo, que o lançava numa contínua dissipação*[34].

As qualidades pessoais do personagem chegam a se tornar suspeitas: se ele é "o mais espiritual" é-o "à maneira de um macaco, sem grandeza nem continuidade" e finalmente nele

> *todos os talentos eram incompletos, incapaz de assiduidade, sempre ébrio de prazer e acreditando que o mundo acabaria no dia seguinte*[35].

Há que reconhecer nessa passagem a lucidez de Balzac e seus dons de premonição, porque muitos talentos haveriam de se dissipar assim em sua época, mas sem dúvida ainda mais nos dias de hoje. Já no Salão de 1846, que não deixou muitos registros brilhantes nas memórias, e que recusara quase tantas obras quanto aceitara,

33. *Les Employés*, Pléiade, t. VII, p. 976.

34. *Id.*, t. VII, p. 975.

35. *Id.*, p. 974 e 976.

o desejo de agradar ao público de compradores levou muitos pintores a se dedicarem sem originalidade ao retrato. Naturalmente, o desejo de entrar à força na sociedade é acompanhado tanto de frustrações quando de agressividade impiedosa:

> *duro, agressivo e indiscreto, fazia o mal pelo mal; ele atacava principalmente os fracos, não tolerava nada, não acreditava nem na França, nem em Deus, nem na Arte, nem nos gregos, nem nos turcos, nem no Champ d'Asile, nem na Monarquia, insultando principalmente aquilo que não compreendia.* [...] *seu discurso deixava transparecer um secreto descontentamento com sua posição social*[36].

A ambição voltada exclusivamente para o sucesso e o reconhecimento social desvia da arte e deforma o ser. Um, Lora, mesmo famoso não deixará de ser uma máquina de produzir "ditos espirituosos", o outro, amargo, cairá na misantropia e no fastio sistemático.

Arte e filosofia

O outro mal do século que às vezes também acomete o artista no próprio cerne de sua criação deriva de uma preocupação idêntica de privilegiar a vida da cidade em detrimento de preocupações verdadeiramente artísticas. É verdade que o pintor, assim como o escritor, não pode encerrar-se em sua torre de marfim e abstrair-se totalmente da agitação, dos acontecimentos em que estão mergulhados seus contemporâneos. Balzac ficou muito impressionado com *A jangada da Medusa*, de Géricault e *Massacres de Quio*, de Delacroix, que ele cita repetidas vezes. A arte se faz o eco das misérias de seu tempo e a admiração de Balzac orienta-se para os "pintores testemunhas de sua época" que souberam sobrepor-se às polêmicas ideológicas.

36. *Id.*, p. 974 e 976.

> *Finalmente, a miséria em andrajos, a miséria do povo, a mais poética, aliás, e que Callot, Hogarth, Murilo, Charlet, Raffet, Gavarni, Meissonnier, que a Arte adora e cultiva, principalmente no carnaval*[37]*!*

A poética da miséria e o paralelo com o carnaval podem chocar o leitor que esperava uma compaixão mais respeitosa para com os seres que sofrem. Mas dos temas e dos efeitos demagógicos utilizados nessas obras preocupadas principalmente em chamar a atenção sobre o artista mais que para a história do povo, Balzac prefere conservar os caracteres e as fisionomias marcadas pelas provações.

> *Acima daquele monte de andrajos elevava-se uma daquelas cabeças que Charlet deu a seus varredores, fantasiada com um cachecol horroroso puído até nas dobras*[38].

O projeto didático das artes lhe é estranho e o erro supremo seria sem dúvida subordinar seu trabalho de artista a princípios políticos. O pintor Dubourdieu, cuja criação, segundo se diz, inspirou-se no contemporâneo de Balzac Paul Chevanard, parece ter sido criado apenas para denunciar a arte engajada. Cabe lembrar aqui os movimentos artísticos do século XX que se valeram de igrejinhas filosóficas e, para sua desgraça, interromperam a pesquisa estética em função de preocupações afinal de conta logo esquecidas. As reflexões de Camus em *O homem revoltado* e no discurso de recebimento do Prêmio Nobel, sem dúvida seriam endossadas por Balzac: o realismo socialista era bem estranho ao realismo verdadeiro. León Didas y Lora, na ocasião porta-voz de Balzac, considera simplesmente que "o artista que conspurca a arte com um arranjo político ou algum sistema perde seu talento"[39]. Assim, convidado a dar sua opinião sobre Dubourdieu, ele se indigna e se exalta:

---

37. *La Rabouilleuse*, Pléiade, t. IV, p. 353.

38. *Id.*, p. 534.

39. *Les Comédiens sans le savoir*, Pléiade, t. XII, p. 1195.

> *Ele tem mão, tem saber... mas o fourierismo matou-o. Acabas de ver aí, primo, um dos efeitos da ambição nos artistas. Com demasiada freqüência, em Paris, no desejo de alcançar, mais rapidamente do que pelas vias naturais, essa celebridade que para eles é a fortuna, os artistas tomam de empréstimo as asas da circunstância, julgam engrandecer-se tornando-se os homens de uma coisa, fazendo-se os sustentáculos de um sistema, e esperam transformar uma igrejinha em público. Mas, se a opinião não dá talento, sempre o estraga, e uma prova é o pobre rapaz que acaba de ver. A opinião de um artista deve ser a fé nas suas obras... e seu único meio de triunfo é o trabalho, quando a natureza lhe deu o fogo sagrado*[40].

Os comediantes sem o saberem data de 1846, e as perturbações anunciadoras da Revolução de 1848 suscitaram vocações de artistas engajados. Nathalie Heinich mostrou as incompreensões, os equívocos e as traições que derivam das combinações apressadas entre a arte e a política.

> *Assim, tornaram-se possíveis duas posições opostas no interior de uma cultura à esquerda: seja a apologia da cultura popular contra o elitismo burguês, seja a apologia da vanguarda artística contra o conservadorismo pequeno-burguês – posição que Clément Greenberg defendeu em seu célebre artigo publicado em 1939 na* Partisan Review *sobre a "Vanguarda e o kitsch"*[41].

O pintor Pol Bury no artigo "reacionário" de seu dicionário intitulado, em palinódia com *Les gaietés de l'escadron*, *Les gaietés de l'esthétique*, baseia-se em textos de Marcel Duchamp, Daniel Buren e Olivier Revault d'Allones para afirmar que, independentemente do que faça, o artista é fundamentalmente reacionário porque "o povo banaliza tudo"[42]. Nesse sentido, as considerações sobre

40. *Id.*, p. 1189 e 1190.

41. *Le Triple jeu de l'art contemporain*, Nathalie Heinich, Éd. de Minuit, 1998, p. 50.

42. *Les Gaietés de l'esthétique*, Pol Bury, Densel, 1984, p. 142-4.

o conservadorismo de Balzac encontram, talvez, sua justificação *a posteriori*. Não obstante, a complacente neutralidade deriva de disposições pessoais – para a constância, a humildade, a perseverança – que podem ser recompensadas no plano social, mas o valor da obra corre o risco, em certos casos, de ser marcado pelo cunho da mediocridade. Pedro Grassou, apelidado de Fougères, que Balzac criou em 1792 ou 1793, exorciza essa outra tentação que espreita o artista. O sucesso desse personagem está na própria ausência de gênio. Balzac o mostra no início de sua carreira "desarmando seus companheiros com sua modéstia, sua paciência e, pois, com sua docilidade de cordeiro". Seus mestres, mais sensíveis às personalidades fortes, o ignoram. O livro que Balzac lhe dedica é um monumento paradoxal à mediocridade porque "as amargas reflexões com as quais sua vida começa" são "aplicáveis a quaisquer outros indivíduos da tribo dos artistas"[43].

A arte e o coração

Louis David conheceu Denis Diderot em sua adolescência e transmitiu a seus alunos muitas das lições que recebeu do filósofo. Balzac, que o freqüentava, também recebeu ensinamentos do enciclopedista. Sabe-se a grande influência que seu pensamento exerceu na época e na História, contudo ele próprio reconhecia a dificuldade de criar quando se tem embocadura filosófica ou política.

> *O sangue-frio, essa qualidade tão necessária àqueles que governam* [...], *o sangue-frio que subordina a atividade da alma à razão* [...] *não é uma qualidade que não pode existir nos homens dominados pela imaginação*[44]*?*

O coração contra a fria razão, tal poderia ser, pois, o princípio dominante na arte. O barão Hipólito Schinner, que Balzac faz nas-

43. *Pierre Grassou*, Pléiade, t. VI, p. 1092.

44. *Œuvres esthétiques*, Diderot, Classiques Garnier, 1988, p. 16.

cer em 1794, lhe foi inspirado por Alexandre Gabriel Decamps, a quem o romancista apreciava o bastante para mandar à senhora Hanska um desenho feito por ele. Criado em 1832 em *A bolsa*, ele representa o artista sensível, preocupado unicamente com sua arte que privilegia a cor em relação à linha. Em *Pedro Grassou*, Balzac falará, referindo-se a ele, desta "poderosa e magnífica cor que distingue o mestre"[45]. O conto *A bolsa* é dedicado inteiramente a ele e poderia muito bem ter o subtítulo "Os enganos do amor" porque, como devem estar lembrados, quando Schinner está se recobrando de um desmaio provocado por uma queda em seu ateliê, descobre naquela que o socorreu a materialização de suas pesquisas estéticas. Adelaide aparece como um fantasma de ateliê:

> *Pôde distinguir ao clarão de uma dessas velhas lâmpadas chamadas* de dupla corrente de ar, *a mais deliciosa cabeça de moça que jamais vira, uma dessas cabeças que muitas vezes passam por um capricho de pincel, mas que de repente materializou para ele as teorias desse belo ideal que cada artista cria para si e de onde provém o seu talento. O rosto da desconhecida pertencia, por assim dizer, ao tipo fino e delicado da escola de Prudhon e possuía aquela poesia que Girodet dava a suas figuras fantásticas*[46].

O amor à beleza aprendida dos grandes pintores desvia o olhar do real e da verdade. Ser-lhe-á necessário muito esforço para deixar que se exprima uma legítima suspeita sobre a moralidade da jovem. A baronesa Schinner ganharia celebridade por seu espírito, por sua influência, por sua fortuna e suas "ligações com homens célebres"[47]. Se a esposa de Schinner confirma pela beleza da alma a harmonia interior que sua silhueta perfeita fazia supor, em compensação a esposa do barão Teodoro de Sommervieux o decepciona apenas um ano depois de seu casamento de amor.

---

45. *Pierre Grassou*, Pléiade, t. VI, p. 1095.

46. *La Bourse*, Pléiade, t. I, p. 239.

47. *Petites Misères de la vie conjugale*, Pléiade, t. XII, p. 113.

> *O único sublime que ele conheceu foi o do coração. Enfim, Teodoro não pôde escapar à evidência de uma verdade cruel: sua mulher não era sensível à poesia, não habitava a sua esfera* [...]; *ela vivia terra-a-terra no mundo real, ao passo que ele tinha a cabeça no céu*[48].

O amor é, pois, uma forma de acesso ao conhecimento que pode desviar do verdadeiro. Contudo, à razão, à filosofia e aos saberes doutrinais em geral, Balzac tende apesar de tudo a preferir a sensibilidade exigente e firme. A constância no amor no campo da arte é uma condição primeira para ser reconhecido como artista:

> *Ele havia realizado seu desejo que renascia a cada dia evitando um longo caminho e a perda de tempo, que para ele se tornou mais precioso do que nunca*[49].

Balzac imagina que Schinner herdou essa qualidade de alma de sua mãe, que lhe transmitiu "sua alma de mulher"[50] e que esta ocupa todo o seu ser e se irradia à sua volta.

> *Sua voz que saía do coração inspirava no coração dos outros sentimentos nobres e testemunhava uma modéstia verdadeira por um certo tom de candura*[51].

Que a ciência não possa elucidar o mistério das emoções alegra o autor que, preferindo as analogias científicas às análises, assimila o amor a um "fenômeno de galvanismo", um "fluido", quem sabe até uma certa "quantidade de oxigênio e de eletricidade"[52]. A singularidade do indivíduo relaciona-se diretamente com a qualidade e forma de sensibilidade que possui. A promoção do indivi-

48. *La Maison du chat-qui-pelote, Pléiade*, t. I., p. 53.

49. *La Bourse*, Pléiade, t. I, p. 371.

50. *La Bourse*, Pléiade, t. I, p. 332.

51. *La Bourse*, Pléiade, t. I, p. 333.

52. *La Bourse*, Pléiade, t. I, p. 333.

dualismo, particularmente importante para compreender o movimento romântico, vai assumir em nossos dias uma dimensão tal que a originalidade confina com a loucura. A idéia obsessiva que se percebe na paixão dos artistas da Arte não elaborada, por exemplo, é buscada, promovida, como se levasse com toda certeza a uma forma de comunicação esotérica, e mesmo artística na medida em que só outros artistas a possam alcançar.

> *As intempéries e os sofrimentos das esferas elevadas só são apreciados pelos espíritos nobres que os habitam. Em todas as coisas, não podemos ser julgados senão por nossos pares*[53].

A arte e o absoluto

Que a crítica genética possa provar que *A obra-prima ignorada* é um conto de circunstância encomendado pela nova revista *L'Artiste*, que foi redigido em poucos dias no estilo fantástico de Hoffmann para ser publicado em 31 de julho e 4 de agosto de 1831 – nada disso pode negar que se tratava de uma obra que Balzac trazia consigo havia muito tempo e que ela respondia à questão do absoluto na Arte, questão que ele devia colocar a si mesmo e numa obra que receberia esse título. Esse procedimento, bastante conhecido no meio artístico, levanta problemas de relação consigo mesmo – quando posso decidir que minha obra está concluída? – e em relação à sociedade – a arte pode separar-se totalmente dos contemporâneos sem ser chamada de loucura?

Toda a descrição de Frenhofer nos remete à perversidade diabólica e, pois, ao mundo negativo ou invertido que ele representa:

> *Olhem, o excesso de ciência, do mesmo modo que a ignorância, leva a uma negação. Eu duvido de minha obra*[54].

53. *La Maison du Chat-qui-pelote*, Pléiade, t. I, p. 61.

54. *Le Chef-d'œuvre inconnu*, Pléiade, t. X, p. 425.

O encontro com Nicolas Poussin na escada da casa do Porbus é muito eloqüente quanto a isso. O velho Frenhofer abala o jovem pintor, desconcertando-o com sua atitude para com o pintor flamengo e com seus comentários mordazes e duros. Poussin logo vê nele "alguma coisa de diabólico" que não era desmentida nem por sua "barba grisalha em ponta", nem por "seus olhos verde-mar", nem por "seus olhares magnéticos". É verdade que as convenções do conto fantástico impõem o recurso a tais notações, mas aqui se trata do fantástico interior porque esse Frenhofer é o criador rival de Deus.

> *Aquele ancião de olhos brancos, atento e estúpido, que se tornara para ele mais que um homem, afigurava-se-lhe um gênio fantástico que vivesse numa esfera desconhecida.*
>
> *Tudo naquele ancião ultrapassava os limites da natureza humana*[55].

Claude E. Bernard[56] analisou bem o tema da troca na obra: trata-se de quem compra do outro, eu diria mesmo quem compra o outro e naturalmente pode-se pensar numa outra visitação invertida. Porbus compra a obra antes mesmo que esteja pronta, Poussin oferece sua Gilette pela possibilidade de ver o quadro terminado, o próprio Frenhofer comprara seus segredos ao mestre Mabuse. A obra diabólica não merece senão um destino: perecer pelo fogo. Contudo, se por necessidade ontológica a pintura é informe, ela prefigura também as artes informais que estavam por vir e, bem antes delas, o que se chama expressionismo:

> *O velho lansquenete está se divertindo à nossa custa, disse Poussin, voltando para diante do pretenso quadro. – Não vejo ali senão cores confusamente amontoadas e contidas por uma porção de linhas esquisitas que formam uma muralha de pintura.*

---

55. *Le Chef-d'œuvre inconnu*, Pléiade, t. X, p. 425 e 426.

56. *La problématique de "l'échange" dans* Le Chef-d'œuvre inconnu *d'Honoré de Balzac*, Année Balzacienne, 1984, p. 201.

Frenhofer lhe pede sua opinião ele nada tem a dizer, nem contra nem a favor: ele remete o pintor à sua obra indicando-a com um gesto e uma palavra: "Veja!". Tudo está dito e estamos em 1831: o jovem escritor de trinta e dois anos inventa a arte do fim do século XX e ao mesmo tempo a necessidade de um texto para acompanhá-la e a dificuldade da crítica artística.

Jacques Rivette filmando *La Belle Noiseuse* em 1989, versão atualizada de *A obra-prima ignorada*, perdeu-se nos meandros de considerações já por demais estudadas sobre a arte e o real, o pintor e seu modelo, a arte e a sociedade. Falta a Bernard Dufour, pintor figurativo que empresta sua mão a Frenhofer nesse filme, o essencial do conto de Balzac. Rivette, sensível à queda do muro de Berlim e ao desaparecimento de determinadas ideologias, dá à obra de Frenhofer um valor de mensagem para as gerações futuras, o que a reduz àquilo que Balzac condenava, como no exemplo anteriormente estudado do pintor fourierista Dubourdieu. A arte é antes de tudo vivida no presente. Ela tem necessidade, diria Georges Braque, de encontrar sua verdade no espaço na qual se formou, ainda que a fórmula hugoana continue absolutamente válida: o poeta é "o homem das utopias, os pés aqui, os olhos além" e, "como os profetas", deve "fazer brilhar o futuro".

Balzac rival de Delacroix em *A menina dos olhos de ouro*, Balzac caricaturista, jornalista nas *Cenas da vida privada*, mas também Balzac visionário. Podemos endossar todas as análises de influências dos pintores sobre o estilo de Balzac mas, à maneira de Bridau, "para descobrir-lhe os segredos".

Entretando, a intuição de François Mauriac merece ser levada a sério: "A carreira de Balzac está apenas no começo"; para isso é preciso aceitar de fato seu gênio visionário e reler os textos levando em conta a evolução que as artes sofreram do final do Romantismo até os nossos dias. Aos dois "ss" de Balssa, Honoré de Balzac preferiu o Z de que conhece "o passo embaraçado". O desenho de seu nome, ele o inscreveu no "ziguezague aleatório e fantástico de uma vida atribulada"[61]. Esse Z que desconstrói o que ele se encar-

61. *Z. Marcas*, t. VIII, p. 830.

rega de unir, mais tarde intrigaria Roland Barthes. É talvez nesse jogo desconstrucionista da arte que Baudelaire reconheceu "o mais heróico, o mais singular , o mais romântico entre todos os personagens" que ele criou, entenda-se: Balzac como artista.

Honoré de Balzac : De L'Artiste peintre réel au personnage romanesque

Edmond Nogacki[*]

En 1950, en rendant hommage à l'auteur de *La Comédie humaine*, François Mauriac trouvait des accents prophétiques inattendus aux œuvres balzaciennes pourtant si éloignées, en apparence, des romans de « jeunes maîtres » comme Alain Robbe-Grillet, Michel Butor ou Nathalie Sarraute.

> *On pourrait peut-être soutenir sans paradoxe que Balzac lui-même demeure de nos jours le plus actuel et le plus fécond pour ce qui dépasse en son œuvre la littérature balzacienne entendue au sens traditionnel de l'expression* [...] *Ainsi pouvons-nous dire sans paradoxe que la carrière de Balzac commence à peine.*

Rapportée par Claude Mauriac[1], cette proposition offerte à la sagacité des « chercheurs de l'avenir » pourrait bien déborder le cadre de l'esthétique romanesque et s'appliquer à l'art en général et à la peinture en particulier. Car enfin, dès ses premiers ouvrages

* Directeur de l'Institut Culturel Universitaire, et Professeur à l'Université de Valenciennes et du Hainaut-Cambrésis, France.

1. *Balzac commence sa vraie carrière*, de Claude Mauriac in *Honoré de Balzac*, « Génies et Réalités », Librairie Hachette, 1959, p. 279.

Balzac se réfère aux peintres du passé comme à ceux de son temps, n'hésite pas à prendre parti dans les polémiques de la critique artistique et crée même ses propres types d'artistes peintres comme Théodore de Sommervieux dans *La Maison du Chat-qui-pelote*, Frenhofer dans *Le Chef-d'œuvre inconnu*, Jean-Jacques Bixiou dans *La Peau de chagrin*, Hippolyte Schinner dans *La Bourse*, Pierre Grassou dans l'œuvre qui porte son nom, Joseph Bridau dans *La Rabouilleuse* et enfin Léon Didas y Lora dont la personnalité s'affirme dans *Un Début dans la vie.* Si nous tenons pour non-négligeables ces autres créatures romanesques que sont Dubourdieu, Gendrin et Servin – respectivement peintre, dessinateur et professeur de dessin – nous aurons, dès 1829-1830, au travers de dix destins qui se déterminent et parfois se croisent dans plus d'une trentaine de contes et romans, la somme des réflexions de Balzac sur la peinture, *Le Chef-d'oeuvre inconnu* constituant, de l'aveu même du romancier, son « testament esthétique ». Un certain nombre d'articles critiques, voire d'ouvrages, consacrés au sujet ont tenté d'explorer ce domaine particulier, et d'en déduire la conception picturale de Balzac. Nous nous référerons à chaque fois que ce sera nécessaire à ces travaux, mais avec circonspection car les préoccupations des peintres romantiques de la Restauration tout comme celles de Balzac, leur juge et critique, y sont presque toujours ramenées à un contexte historique réducteur ou à une idée simplificatrice de l'histoire de l'art qui s'arrêterait à Courbet et au mieux aux impressionnistes. Or, le pouvoir visionnaire du génie excède de beaucoup les quelque dix ou vingt ans qui suivent sa disparition. S'il est vrai que Balzac est un génie – et pourquoi en douter quand Hugo et Baudelaire en conviennent sans ambage[2] – alors il faut admettre comme l'écrivait Diderot, que ses lumières éclairent aussi notre temps:

> *Dans les arts, dans les sciences, dans les affaires, le génie semble changer la nature des choses; son caractère se répand sur tout ce qu'il touche, et ses lumières s'élançant au-delà du passé et du*

2. « La France a perdu un de ses plus grands génies... » Baudelaire in Edgar Allan Poe, *Œuvres complètes de Baudelaire*, Seuil, 1968, p. 320.

présent, éclairent l'avenir; il devance son siècle qui ne peut le suivre; il laisse loin de lui l'esprit qui le critique avec raison, mais qui, dans sa marche égale, [ne soit jamais] de l'uniformité de la nature[3].

Plus que de l'examen d'un postulat, il s'agira pour nous d'opérer une nouvelle lecture des textes balzaciens, en les confrontant bien entendu aux intuitions des peintres que Balzac a fréquentés, aimés et finalement intégrés à son univers mental, mais aussi et surtout en les rapprochant des théories et des pratiques en vogue aujourd'hui.

Les peintres de jadis et de naguère

Dans sa préface au *Chef-d'oeuvre inconnu*[4], René Guise rappelle après Pierre Laubriet que Balzac était un grand lecteur d'ouvrages d'histoire et notamment d'histoire de l'art, qu'il possédait et utilisait abondamment: *La Vie des peintres flamands, allemands et hollandais* de Jean-Baptiste Descamps (Paris, 1753-1763), le *Guide des amateurs de peinture* de Gault de Saint-Germain (Paris, 1817) et aussi sans doute *Les Entretiens sur les vies et sur les ouvrages des plus excellents peintres anciens et modernes* de Félibien (Paris, 1666-1668). Plus de soixante-seize références ont été ainsi puisées dans ces livres encyclopédiques et biographiques, et l'usage qui en a été fait, savamment étudié par Olivier Bonard[5], Pierre Laubriet[6] et des critiques des revues *Poétique*[7] et

---

3. *Œuvres esthétiques*, Diderot, Classiques Garnier, 1998, p. 17.
4. Balzac, *Œuvres complètes*, Pléiade Gallimard, tome X, p. 409 et suivantes.
5. *La Peinture dans la création balzacienne*, Olivier Bonard. Droz, 1969.
6. *L'Intelligence de l'art chez Balzac*, Pierre Laubriet, Slatkine reprints, Paris, Genève, Gex, 1980.
7. Citons particulièrement:
   – « Balzac et la représentation », par Roland Le Huenen et Paul Perron, *Poétique* n. 61, fév. 1965.
   – « Le Tableau: description et peinture », par Bernard Vouilloux.
   – « La Toile déchirée », de Franc Schwerewegen, *Poétique*, n. 65, fév. 1986.

L'année balzacienne[8]. L'évocation du nom d'un peintre du passé entretient une connivence culturelle entre l'auteur et le lecteur autant qu'elle participe du projet de représentation. Cette fonction référentielle s'appuie sur des schémas convenus, véritables clichés culturels qui associent la grâce, la jeunesse et la noblesse à l'Italie, la lourdeur des formes aux Flandres et aux Pays-Bas, la dureté des traits et la sévérité à l'Allemagne. Ainsi Modeste Mignon, Louise de Macumer, la Duchesse de Catanés ou Augustine Guillaume composeront une harmonie délicate de figures empruntées à Giotto, Raphaël et Vinci, alors que *La Cousine Bette* renverra plutôt à des *Vierges* de Dürer d'apparences plus sévères. De même, le terme de la comparaison se réduit au contour, à l'allure générale, à une ligne qui portent, en même temps que l'élément descriptif, une première approche psychologique et morale du personnage.

> *Mais à y regarder de près, la description figurative se réduit souvent à la déclinaison doxatique de champs sémantiques: c'est la grâce virginale, sublime, angélique de Raphaël, c'est la probité sérieuse et réfléchie ou la candeur ingénue et séraphique du Titien*[9].

À cette fin, les tableaux les plus célèbres sont sollicités: *Maddalena Doni, la Madone de Foligne,* le *Mariage de la Vierge, Saint Jean-Baptiste dans le désert, Saint Luc faisant le portrait de la Vierge, Stanze, La Transfiguration,* la *Madone Sixtine,* la *Vision d'Ezéchiel* et le *Portement de Croix* de Raphaël sont, selon le baron Hulot, dans *La Cousine Bette* « de même valeur » , bien que certaines œuvres aient « une splendeur visible à tous les yeux même ceux des ignorants », alors que d'autres « exigent de l'admirateur instruit une sorte de tension, une étude pour être compris dans toutes leurs parties... »[10] C'est alors au métalangage critique de venir corriger les disparités culturelles, et assurer, par une qualification verbale de connivence, le sens de la lecture de la représentation. Ainsi,

8. Notamment le n. 59 de 1986 consacré à *Être artiste.*

9. Op. cit., Roland Le Huenen et Paul Perron, p. 78.

10. *La Cousine Bette*, Pléiade, tome VII, p. 78.

Raphaël est le peintre qui a le mieux rendu la beauté juive[11].

Cependant, de tels procédés stylistiques sont l'aveu de l'insuffisance évocatoire du verbe, incapable de restituer l'impression première du romancier. L'exigence d'absolu se délite en notations approximatives, qui sont emportées par un tourbillon vertigineux où l'imagination se perd. L'écriture et la vision qu'elle projette de restituer se condamnent à l'incommunicabilité:

> *Elle était un de ces types qui entre mille physionomies dédaignées parce qu'elles sont sans caractère, vous arrêtent un moment, vous font penser; comme, entre les mille tableaux d'un musée, vous êtes fortement impressionné, soit par la tête sublime où Murillo peignit la douleur maternelle, soit par le visage de Béatrix Cenci où le Guide sut peindre la plus touchante innocence au fond du plus épouvantable crime, soit par la sombre face de Philippe II où Vélasquez a pour toujours imprimé la majestueuse terreur que doit inspirer la royauté. Certaines figures humaines sont de despotiques images qui vous parlent, vous interrogent, qui répondent à vos pensées secrètes et sont même des poèmes entiers. Le visage glacé de Madame d'Aiglemont était une de ces poésies terribles, une de ces faces répandues par milliers dans* La Divine Comédie *de Dante Alighieri*[12].

Pour pénétrer sous le vernis du visage fermé du personnage, le baroquisme des évocations picturales de Murillo, Vélasquez et du Guide soutenues, voire amplifiées, par les couples lexicaux – sublime / majestueux, crime / innocence, douleur / touchante, épouvantable / terreur – vient se désagréger dans les figures éclatées, « répandues par ailleurs » , du poème dantesque. L'écriture balzacienne, après ces détours par la peinture, vient rendre les armes en se plaçant derrière un autre texte, ici *La Divine Comédie*.

Toutefois « un peintre qui ne fait que des portraits ne peut

11. *Splendeurs et misères des courtisanes*, Pléiade, tome VI, p. 464.

12. *La Femme de trente ans*, Pléiade, tome II, p. 1205.

prétendre à l'honneur que reçoivent les plus savants... montant encore plus haut, il faut par des compositions allégoriques, savoir courrir sous le voile de la fable, les vertus des grands hommes, et les mystères les plus relevés »[13]. La hiérarchie des genres telle que Félibien l'avait définie en peinture demeure, malgré les propos révolutionnaires des romantiques. La fable, l'histoire, l'allégorie seront les sujets privilégiés par les peintres de la Restauration, et Balzac lui-même aura l'ambition avec la *Bataille* de rivaliser avec les grands peintres d'histoire. Le roman n'aboutira pas, malgré l'impressionnante documentation, surtout iconographique, ramassée sur la bataille d'Essling. C'est « le livre impossible » dont Le Huenen et Perron analysent, dans leur article déjà cité, les ambitions et les contraintes que s'impose Balzac.

> *Trop tableau pour fonctionner comme récit, incapable d'articuler concurremment deux espaces hétérogènes, la* Bataille *ne saurait s'écrire et restera un livre impossible*[14].
>
> *Le Parnasse de Balzac ignorera les grands peintres de batailles et les compositions mythologiques de grande envergure: ni Paolo Ucello, ni Altdorfer, ni Mantegna n'auront droit d'être cités dans* La comédie humaine. *L'histoire de la peinture commence avec Giotto et Orcagna au Treicento, l'un pour son style comparable au musicien vénitien du XVIIIe siècle Benedetto Marcello et l'autre pour ses « délicieuses filles » dans « l'église de San Michele à Florence ». Pas une seule référence à Cimabue, Duccio, Masaccio, Fra Angelico, ou Piero della Francesca par exemple. Du Quattrocento ne sont retenus que trois Italiens, Bartolommeo della Porta, Giorgione el Botticelli, auxquels s'ajoute un Flamand: Jan Van Eyck. Des siècles suivants et jusqu'au XVIIIe, on notera des omissions étranges comme celles de Greco, de Caravage, de Vermeer de Delft ou de Hubert Robert, peintres pourtant mieux con-*

13. Préface aux *Conférences de l'Académie royale de peinture et de sculpture pendant l'année 1667,1668,1973*, annexe 17 à « Nathalie Heinich: Du peintre à l'artiste » , A. Félibien, Éd. de Minuit, 1993.

14. *Op. cit.*, p. 86.

nus des contemporains de Balzac que Giovanni Ballista Carbone, Carlino Dolci du XVIIe siècle italien, ou Jan Davidsz de Hem et Mierio le Vieux de la même époque en Hollande. Le parti-pris encyclopédique est pris en défaut à cause de l'ampleur de ses ambitions: jusqu'à la fin du XVIIIe siècle Balzac retient soixante-seize noms de peintres, mais, pour beaucoup d'entre eux, cités une seule fois et souvent de manière incidente. En fait, parmi ceux-ci les plus prisés sont Raphaël, Michel-Ange, Corrège, Dürer, Rubens, Murillo, Rembrandt, Poussin, Watteau et Greuze, ce qui ne relève ni d'une grande originalité, ni d'un goût nettement tranché. L'intérêt qui leur est accordé tient soit à une particularité biographique – précocité, volonté, capacité de travail – soit à une caractéristique stylistique – qualité du dessin, traitement d'un motif, atmosphère d'une œuvre ou chromatisme singulier. Mais fondamentalement, les peintres et les peintures du passé déréalisent les personnages et les événements du roman. La fiction s'enrichit des rêveries d'un savoir mis en images, tout comme la réalité d'une œuvre picturale s'abstrait dans une narration. C'est la leçon de Barthes dans S/Z *comme ce fut sans doute l'intuition de Balzac lecteur de Swedenborg:*

« Toute description littéraire est une vue », écrivait le premier. « Décrire, c'est donc placer le cadre vide que l'auteur réaliste transporte toujours avec lui (plus important que son chevalet) devant une collection ou un continu d'objets inaccessibles à la parole sans cette opération maniaque (qui pourrait faire rire à la façon d'un gag); pour pouvoir en parler, il faut que l'écrivain par un rituel initial, transforme d'abord le 'réel' en objet peint (encadré); après quoi il peut décrocher cet objet, le tirer de sa peinture: en un mot: le dépeindre... »[15].

On comprend mieux sans doute ici la démarche poétique d'Yves Bonnefoy se confrontant aux tableaux de Poussin, Elsheimer, Mantegna ou Fra Angelico dans *L'improbable*, (1993) ou dans *Dessin, couleur el lumière* (1995). Si ce poète tira sa réflexion de *L'anti-Platon*

15. *S/Z*, Roland Barthes, Seuil, 1970.

(1947), Balzac puisa la sienne dans les leçons d'Emmanuel Swedenborg auquel il consacra deux études philosophiques: *Séraphîta* et *Louis Lambert*:

> *L'Esprit Angélique va bien au-delà, son savoir est la pensée dont la science humaine n'est que la parole; il puise la connaissance dans le Verbe, en apprenant* LES CORRESPONDANCES *par lesquelles les mondes concordent avec les cieux*[16].

Le Verbe de la *Genèse* renaît dans celui de l'écrivain qui recèle la vraie réalité désormais, hors des constructions philosophiques des « Kant, Fichte ou Hegel et autres farceurs »[17]. Tout est affaire de mots – poésie ou récit romanesque – même l'expérience amoureuse ou la mort, comme l'atteste la fin de *La Duchesse de Langeais*:

> *C'était une femme, maintenant ce n'est rien... n'y pense plus que comme nous pensons à un livre lu pendant notre enfance. Oui, dit Montriveau, car ce n'est plus qu'un poème*[18].

L'espace pictural romantique

L'idée de la *Séraphîta* serait venue à Balzac le 17 décembre 1833 en visitant l'atelier du sculpteur Bra. Par ailleurs, nous savons aussi qu'il était familier de l'atelier d'un autre sculpteur particulièrement influent à l'époque, Pierre-Jean David, dit David d'Angers, qui recevait artistes, écrivains et philosophes chaque mercredi. Balzac était de ses amis. *Le Curé de Tours* lui sera dédicacé. L'artiste laissera trois portraits de l'écrivain – deux médaillons, un dessin – en plus du buste conservé au Musée Carnavalet, et du bronze destiné au Père Lachaise. Par ailleurs, dès 1929, Balzac fréquentera assidûment des

16. *Séraphîta*, Pléiade, tome XI, p. 778.

17. *La Duchesse de Langeais*, Pléiade, tome V, p. 1037.

18. *La Duchesse de Langeais*, Pléiade, tome V, p. 1037.

peintres comme le baron Gérard et Eugène Delacroix, dédicataire de *La Fille aux yeux d'or* (1834-1835). De fait, dès l'enfance tout le portait vers la peinture. Un peintre anonyme avait fait les portraits de chaque membre de la famille Balzac, et notamment du futur écrivain qui n'avait que cinq ans. Lui-même avait de réelles dispositions pour le dessin, comme le montre un autoportrait à la plume de 1821. Enfin, nous pouvons suivre son évolution physique jusque sur son lit de mort en nous référant aux nombreuses œuvres picturales qui lui sont consacrées: des dessins d'Achille Deveria, Bertall, Nadar, Maurice Sand, Gavarni, des aquarelles et pastels de Paul Chardin, Gérard Séguin, des peintures de Louis Boulanger, Gérard Séguin, sans compter les très nombreuses caricatures ou portraits-charges de Félix Tournachon, Jean Platier, Daumier, Nadar ou Grandville. À cette liste non-exhaustive, il faudrait ajouter les sculptures de Dantan, Rodin, Falguière et David d'Angers. Certes, beaucoup de ces œuvres sont dues à la célébrité de l'auteur de *La Comédie humaine*, mais un nombre important d'entre elles sont témoignages d'amitié, alors que sa popularité n'était pas encore établie. Ainsi, Balzac n'a pu rester indifférent aux débats sur la peinture qui opposaient les tenants du Néoclassicisme, élèves de Louis-Jacques David ou émules de Jean Auguste Dominique Ingres, aux fervents défenseurs du Romantisme que furent Girodet-Trisson, Géricault et Delacroix. Les expositions de Nantes, Paris et Plaisance organisées en 1995 sur *Les années romantiques, la peinture en France de 1815 à 1850*, ont mis en évidence l'effervescence créatrice de l'époque et un engouement croissant du public pour la peinture. Balzac visita les salons biennaux à partir de 1817 puis annuels dès 1833. Ceux-ci exposèrent plus de cinq mille œuvres en 1848 et accueillirent un million deux cent mille visiteurs en 1846. Mais la curiosité insatiable de Balzac l'amena à s'intéresser aux peintres étrangers: allemands, comme Johann Friedrich Wilhem von Muller, Schnoor von Carolsfeld, anglais, comme John Martin, Richard Westall, ou suisse, comme Jean-Gabriel Scheffer. Cependant, parmi les soixante-treize peintres cités plus ou moins fréquemment dans la *Comédie humaine*, nous ne trouvons aucun des grands noms de la peinture anglaise de l'époque, ni Constable (1776-1837), ni Blake (1757-1827), ni Gainsborough (1727-1808), ni Turner (1775-1851), ni Fuseli (1741-1825). On s'étonnera qu'il n'y soit pas fait mention de Caspar David Friedrich (1774-1840), ni d'aucun des grands représentants du Romantisme allemand. De même, dans le domaine français les grands paysagistes tels que Corot (1796-1875), Théodore Rousseau (1812-1878) et Charles-François Daubigny (1817-1870) ne seront jamais évoqués. Mais nous l'avions déjà pressenti avec les peintres d'avant le Romantisme, la sensibilité de Balzac est quasi exclusivement tournée vers les caractères humains. Le jugement de Baudelaire corrobore cette analyse. Le trait chargé de sens a plus de charme pour lui que l'effet chromatique d'un paysage de Corot ou de Daubigny.

> *On ajustement appelé les œuvres de Gavarni et de Daumier des compléments de* La comédie humaine. *Balzac lui-même, j'en suis très convaincu n'eût pas été éloigné d'adopter cette idée, laquelle est d'autant plus juste que le génie de l'artiste peintre de mœurs est un génie d'une nature mixte, c'est-à-dire qu'il entre une bonne partie d'esprit littéraire* [...] *Quelquefois il est poète; plus souvent il se rapproche du romancier ou du moraliste; il est le peintre de la circonstance et de tout ce qu'elle suggère d'éternel*[19].

C'est ainsi qu'au-delà des querelles qui opposent les coloristes aux dessinateurs, ce qui séduit Balzac chez un peintre, c'est son aptitude à rendre une impression ou un caractère.

> *Il faudrait le pinceau d'Ingres pour rendre la fierté du front, la profusion des cheveux, la majesté du regard, toutes les pensées que traduisent les couleurs particulières du teint*[20].

Sensible à une « croquade de Decamps »[21], à « un de ces visages mélancoliques » qu'il trouve dans *La Révolte du Caire de Girodet*[22],

---

19. *Le Peintre de la vie moderne, Œuvres complètes*, Baudelaire, Seuil, p. 550.
20. *Madame Firmiani*, Pléiade, tome 11, p. 152.
21. *Une fille d'Eve*, Pléiade, tome 11, p. 315.
22. *Les Marana*, Pléiade, tome X, p. 1039.

à « la misère des haillons, la misère du peuple, la plus poétique d'ailleurs »[23] peinte par Nicolas Toussaint Charlet, Balzac rassemble ceux que les options esthétiques séparent. De David, « cet astre froid » selon Baudelaire, et ses « satellites historiques, espèces d'abstracteurs de quintessence »[24] que sont Guérin et Girodet, à Delacroix, qu'une couleur pouvait faire évanouir[25], l'originalité du peintre pour Balzac tient à sa faculté de créer un type humain ou à inventer un signe picturial particulier. Pour le reste, il se contente de noter qu'il faut préférer « le premier faire de Dubuffe »[26], que Delacroix et Ingres se sont vu prodiguer des injures en même temps que « les éloges et les fanatismes de leurs adhérents[27], et que Paul Chenavard s'est fourvoyé dans la propagande et la théorie[28]. Si l'on s'en tenait à ces références visiblement circonstancielles qui tiennent davantage de la connivence entre amateurs d'art que de véritables engagements esthétiques, nous pourrions penser que le génie visionnaire n'a perçu aucun des enjeux de la peinture romantique, ni *a fortiori* des développements qu'ils subiront par la suite. Ce serait une approche très partielle de la philosophie artistique de Balzac, qui préféra confier à ses créatures romanesques le soin d'illustrer les options sociales, éthiques et esthétiques débattues par ses contemporains.

Les peintres fictifs de *La Comédie humaine*

Sept artistes peintres majeurs inventés par Balzac apparaissent dans différentes œuvres de la *Comédie humaine*. Si l'on met à part Frenhofer, personnage central du *Chef-d'œuvre inconnu*, les six autres croisent leurs destinées dans trente et un contes ou romans. Chacun

23. *La Rabouilleuse*, Pléiade, tome IV, p. 353.

24. Baudelaire: *Ingres - Exposition Universelle 1855, Œuvres complètes*, Seuil, p. 365.

25. *La Rabouilleuse*, Pléiade, tome IV, p. 377.

26. *Pierre Grassou*, Pléiade, tome VI, p. 1 100.

27. *Id.*, Pléiade, tome VI, p. 1091.

28. *Les Comédiens sans le savoir*, Pléiade, tome XII, p. 1144.

d'entre eux, comme tous les protagonistes de la *Comédie humaine* nous est présenté depuis sa naissance, sa formation, son parcours personnel et professionnel jusqu'à sa disparition. Trois autres peintres inventés par Balzac occupent une place réduite, voire négligeable, dans son œuvre: ainsi Gendrin, aux mœurs dissolues n'apparaît qu'une fois dans *La Cousine Bette*, Dubourdieu, avatar sans doute de Paul Chenavard montre en trois apparitions dans les *Comédiens sans le savoir*, comment un peintre peut gâter son talent par ses engagements idéologiques et enfin Servin dans *La Vendetta* et *Pierre Grassou* souffre de l'incompréhension de son entourage.

Art et société

La valeur artistique a son mètre-étalon: l'argent et la reconnaissance sociale. À tous moments, l'échange d'une œuvre pour sa contrepartie financière est objet d'un marchandage, d'un défi souvent sérieux mais parfois plaisant. Même Frenhofer convaincu par Poussin et Porbus de reprendre sa quête d'absolu en réalisant son œuvre définitive, *La Belle Noiseuse*, se trouvera aussitôt un acquéreur et un spectateur intéressé. La réussite passe par des concessions nécessaires aussi à la survie de l'artiste, concessions dirions-nous aux lois du marché. Joseph Bridau, qui a été inspiré à Balzac par la vie et l'œuvre d'Eugène Delacroix, se soumet au diktat des marchands.

> *Avec ses brocantes-là, avec la commande des marchands, je pourrais désormais faire dix-huit cent à deux mille francs, tous frais payés. Bah! à l'exposition prochaine, je présenterai ce tableau-là, s'il est goûté mon affaire sera faite: mes amis en sont contents*[29].

Dans le cas de cet artiste, la foi en son art est préservée: il ne confond pas l'aisance relative que peut lui apporter l'œuvre de commande, en l'occurrence la copie de l'œuvre d'un autre peintre, avec

29. *La Rabouilleusse*, Pléiade, tome IV, p. 318.

sa mission. Mieux même, il sait tirer profit de l'épreuve en « y gagnant en instruction », en « surprenant les secrets du métier ».

Le concept d'artiste, aujourd'hui admis avec beaucoup de complaisance, s'est imposé difficilement dans le troisième quart du XVIIIe siècle, comme le montre Nathalie Heinich[30]. Arts libéraux et arts mécaniques continuent à s'affronter sans que l'un supplante l'autre véritablement, même aujourd'hui, et Bernard Deloche rappelle opportunément qu'à l'heure actuelle comme pour les Encyclopédistes: « Quand on entend rehausser [le travailleur] au niveau des activités dignes de considération il est appelé artiste; au contraire si on veut désigner l'état d'estime dans lequel on le trouve, il devient simple artisan »[31]. Le clivage entre ces deux fonctions sociales s'est opéré juridiquement en 1648 avec l'institution de l'Académie Royale de Peinture et de Sculpture. Avec la promotion de l'individualisme et l'opposition subséquente du génie au talent, l'ambiguïté des rapports avec la société s'est accrue. Le fameux procès intenté par Brancusi aux autorités douanières américaines ira dans le sens d'une confusion du travail artisanal, manufacturé, avec l'œuvre artistique. Balzac veut dissocier les deux activités en présentant la noblesse de l'Art, mais en réclamant pour lui un statut social privilégié.

Jean-Jacques Bixiou, qu'il faut prononcer Bixiou dit l'auteur, et son compagnon Léon Didas y Lora, surnommé Mistigris dans *Les Comédiens sans le savoir*, exploitent l'ambiguïté un peu à la manière des rusés qui profitent aujourd'hui de leurs talents de plagiaires ou de provocateurs pour brouiller la lisibilité de l'art contemporain. Le premier, en qui l'on peut reconnaître Henry Monnier ou Gavarni, apparaît dans dix-huit œuvres balzaciennes, parfois en caricaturiste mais plus souvent en mystificateur.

> *Remarquable dans ses mystifications, il les variait avec tant d'habileté qu'il y prenait toujours quelqu'un*[32].

30. *Du Peintre à l'artiste*, Nathalie Heinich, Éd. de Minuit, 1993.

31. *Artisans et artistes: une philosophie du travail dans l'Encyclopédie*, B. Deloche, 1978, in *Le travail*, Paris, Éd. Marketing, p. 268.

32. *Les Employés*, Pléiade, tome VII, p. 974.

Le second, spécialisé dans le détournement des proverbes et les calembours, se fait une place d'amuseur, de convive plaisant dans neuf livres de Balzac mais essentiellement dans *Les Comédiens sans le savoir* et *Un Début dans la vie*. Si « les bons comtes font les bons habits » et « la pépie vient en mangeant » lui valent une certaine considération dans une société dont on appréciera le niveau, il n'en reste pas moins un peintre habile et conscient de ce que doit être l'artiste véritable. Sa célébrité finalement sera attachée à sa peinture de paysages et de marines mais on sait aussi que ces motifs ne sont pas les plus prisés dans la hiérarchie des genres.

Bixiou joint, à son sens de la mystification, des qualités d'invention mais aussi pour son malheur une nonchalance peu propice au travail consciencieux et à la constance requis pour progresser en art.

> *Enfin cet artiste vraiment profond mais pas éclairé se balançait dans la vie comme une escarpolette sans s'inquiéter du moment où la corde casserait*[33].

La fascination pour les plaisirs offerts par la vie sociale agréable perdra, on le sait, Lucien de Rubempré. Balzac réserve un sort meilleur à ces deux peintres de son invention. S'il ménage quelque peu leur avenir et s'il a moins de sévérité pour Léon Didas y Lora, en revanche son analyse du personnage de Bixiou sonne comme une condamnation. Sans doute, l'amateur de fastes sociaux qu'était Balzac trouve-t-il ici l'occasion de fustiger une de ses propres tendances bien que les vrais grands travailleurs trouvent toujours qu'ils ont des paresses inexcusables.

> *Cet homme tout sens et tout esprit se perdait par une fureur pour les plaisirs de tout genre qui le jetait dam une dissipation continuelle*[34].

---

33. *Les Employés*, Pléiade, tome VII, p. 976.

34. *Id.*, tome VII, p. 975.

Les qualités personnelles du personnage deviennent même suspectes: s'il est « le plus spirituel » , il l'est à « la façon du singe, sans portée ni suite », et enfin chez lui

tous les talents étaient incomplets, incapable d'assiduité, toujours ivre de plaisir et croyant que le monde finissait le lendemain[35].

On reconnaîtra au passage la lucidité de Balzac et ses dons de prémonition, car bien des talents seront ainsi gâtés en son temps, mais sans doute bien plus encore aujourd'hui. Déjà au Salon de 1846, qui n'a pas brillé dans les mémoires, et avait refusé presqu'autant d'œuvres qu'il en avait accepté, le désir de plaire au public d'acheteurs entraîna beaucoup de peintres à s'adonner sans originalité au portrait. Naturellement, le désir de forcer son destin dans la société s'accompagne de frustrations autant que d'agressivité sans complaisance:

cassant, agressif indiscret, il faisait le mal pour le mal: il attaquait surtout les faibles, ne supportait rien, ne croyait ni à la France, ni à Dieu, ni à l'Art, ni aux Grecs ni aux Turcs, ni au Champ d'Asile, ni à la Monarchie, insultant surtout ce qu'il ne comprenait point.
[...] *il perçait dans ses discours un secret mécontentement de sa position sociale*[36].

L'ambition tournée exclusivement vers le succès et la reconnaissance sociale détourne de l'art et déforme l'être. L'un, Lora, même célèbre ne cessera d'être une mécanique à « bons mots », l'autre amer versera dans la misanthropie et le dégoût systématique.

35. *Id.*, p. 974 et 976.

36. *Id.*, p. 974 et 976.

Art et philosophie

L'autre mal du siècle qui atteint aussi parfois l'artiste au cœur même de sa création relève d'un souci identique de privilégier la vie de la cité aux dépens de préoccupations vraiment artistiques. Certes, le peintre comme l'écrivain ne peut s'enfermer dans sa tour d'ivoire et s'abstraire totalement des agitations, des événements auxquels sont mêlés ses contemporains. Balzac a été fort impressionné par *Le Radeau de la Méduse* de Géricault et les *Massacres de Scio* de Delacroix qu'il cite à plusieurs reprises. L'art se fait l'écho des misères de son temps et l'admiration de Balzac va en ce sens aux « peintres témoins de leur époque » qui ont su dépasser les polémiques idéologiques.

> *Enfin, la misère en haillons, la misère du peuple, la poétique d'ailleurs, et que Callot, qu'Hogarth, que Murillo, Charlet, Raffet, Gavarni, Meissonier, que l'Art adore et cultive, au carnaval surtout*[37] *!*

La poétique de la misère et le parallèle avec le carnaval ont de quoi choquer le lecteur qui requerrait une compassion plus respectueuse des êtres qui souffrent. Mais des motifs et des effets démagogiques utilisés dans ces œuvres soucieuses surtout d'attirer le regard sur l'artiste plutôt que sur la misère du peuple, Balzac préfère conserver les caractères et les physionomies burinées par les épreuves.

> *Au-dessus de ce monceau de guenilles s'élevait une de ces têtes que Charlet a donnée à ses balayeurs et caparaçonnée d'un affreux foulard usé jusque dans ses plis*[38].

Le projet didactique des arts lui est étranger et l'erreur suprême serait sans doute d'aligner son travail d'artiste sur des principes politiques. Le peintre Dubourdieu dont il a été dit qu'il s'inspirait

37. *La Rabouilleuse*, Pléiade, tome IV, p. 353.

38. *Id.*, p. 534.

du contemporain de Balzac Paul Chenavard, semble n'avoir été créé que pour dénoncer l'art militant. On se souviendra ici des mouvements artistiques du XXe siècle qui se réclamèrent de chapelles philosophiques et, pour leur malheur, asséchèrent la recherche esthétique pour des préoccupations, somme toute, vite oubliées. Les réflexions de Camus dans *L'homme révolté* et dans le discours de réception pour le Prix Nobel, Balzac sans doute y aurait souscrit: le réalisme socialiste était bien étranger au réalisme vrai. Léon Didas y Lora, porte-parole en la circonstance de Balzac, considère simplement que « l'artiste qui souille l'art par une combinaison politique ou systématique perd son talent »[39]. Ainsi sollicité pour donner son opinion sur Dubourdieu, il s'indigne avec véhémence:

> *Il a de la main, il a dû avoir... mais le fouriérisme l'a tué. Tu viens de voir là, cousin, l'un des effets de l'ambition chez les artistes. Trop souvent, à Paris, dans le désir d'arriver plus promptement que par la voie naturelle à cette célébrité qui pour eux est la fortune, les artistes empruntent les ailes de la circonstance, ils croient se grandir en se faisant les hommes d'une chose, en devenant les souteneurs d'un système, et ils espèrent changer une coterie en public. Mais l'opinion ne donne pas le talent, elle le gâte toujours, témoin le pauvre garçon que vous venez de voir. L'opinion d'un artiste doit être la foi dans ses œuvres... et son seul moyen de succès, le travail quand la matière lui a donné le feu sacré*[40].

Les Comédiens sans le savoir date de 1846, les troubles annonciateurs de la Révolution de 1848 ont suscité des vocations d'artistes engagés. Nathalie Heinich a montré les incompréhensions, les méprises, et les trahisons qu'entraînent les collusions hâtives entre l'art et la politique.

39. *Les Comédiens sans le savoir*, Pléiade, tome VII, p. 1195.

40. *Id.*, p. 1189-1190.

> *Ainsi sont devenues possibles deux positions opposées à l'intérieur dune culture à gauche: soit l'éloge de la culture populaire contre l'élitisme bourgeois, soit l'éloge de l'avant-garde artistique contre le conservatisme petit-bourgeois – position que défendit Clément Greenberg en publiant dans* Partisan Review *en 1939 le célèbre article sur « Avant-garde et kitsch »*[41].

Le peintre Pol Bury à l'article « réactionnaire » de son dictionnaire intitulé, en palinodie avec *Les gaietés de l'escadron, Les gaietés de l'esthétique,* s'appuie sur des textes de Marcel Duchamp, Daniel Buren et Olivier Revault d'Allones, pour affirmer que quoi qu'il fasse, l'artiste est fondamentalement réactionnaire car le « peuple médiocrise tout »[42]. En ce sens, les considérations sur le conservatisme de Balzac trouvent peut-être leur justification *a posteriori.* Néanmoins, la bienveillante neutralité relève de dispositions personnelles, pour constance, l'humilité, la persévérance qui peuvent trouver leur récompense sur le plan social mais la valeur de l'œuvre risque parfois d'être marquée du sceau de la médiocrité. Pierre Grassou, dit Fougères, que Balzac fait naître en 1792 ou 1793, exorcise cette autre tentation qui guette l'artiste. La réussite de ce personnage est dans son absence même de génie. Balzac le montre au début de sa carrière « désarmant ses camarades par sa modestie, sa patience et donc sa douceur d'agneau ». Ses maîtres, plus sensibles aux fortes personnalités, l'ignorent. Le livre qui lui est consacré par Balzac est un monument paradoxal à la médiocrité car « les amères réflexions par lesquelles commence l'esquisse de sa vie » sont « applicables à quelques autres individus de la tribu des artistes »[43].

41. *Le Triple jeu de l'art contemporain*, Nathalie Heinich, Éd. de Minuit, 1998, p. 50.

42. *Les Gaietés de l'esthétique*, Pol Bury, Densel, 1984, p. 142 à 144.

43. *Pierre Grassou*, Pléiade, tome VI, p. 1092.

L'art et le cœur

Louis David connut Denis Diderot dans son adolescence et transmit à ses élèves bien des leçons qu'il prit chez ce philosophe. Balzac, qui le fréquentait, reçut donc lui aussi l'enseignement de l'encyclopédiste. On sait le rôle qu'exerça sa pensée sur l'époque et sur l'Histoire, pourtant lui-même reconnaissait la difficulté de créer quand on a la fibre philosophique ou politique:

> *Le sang-froid, cette qualité si nécessaire à ceux qui gouvernent* [...], *le sang-froid qui soumet l'activité de l'âme à la raison* [...] *n'est-il pas une qualité qui ne peut exister dans les hommes que l'imagination maîtrise*[44]*?*

Le cœur contre la froide raison, tel pourrait donc être le principe dominant en art. Le baron Hippolyte Schinner, que Balzac fait naître en 1794, lui a été inspire par Alexandre Gabriel Decamps que le romancier appréciait suffisamment pour faire parvenir à Madame Hauska un dessin de sa main. Créé en 1832 dans *La Bourse*, il représente l'artiste sensible, soucieux uniquement de son art qui privilégie la couleur sur la ligne. Dans Pierre Grassou, Balzac parlera à son propos de « cette puissante et magnifique couleur qui distingue le maître »[45]. Le conte *La Bourse* lui est entièrement consacré et pourrait justement porter en sons-titre « Les méprises de l'amour » car, on s'en souvient, Schinner se réveillant de son évanouissement après sa chute d'échelle dans son atelier découvre dans celle qui lui a porté secours la matérialisation de ses recherches esthétiques. Adélaïde apparaît comme un fantasme d'atelier:

> [...] *il put apercevoir, à la lueur d'une de ces vieilles lampes dites à double courant d'air, la plus délicieuse tête de jeune fille qu'il eût jamais vue, une de ces têtes qui souvent passent pour un caprice du pinceau, mais qui tout à coup réalisa pour lui les théo-*

44. *Œuvres esthétiques*, Diderot, Classiques Garnier, 1988, p. 1 6.

45. *Pierre Grassou*, Pléiade, tome VI, p. 1095.

ries de ce beau idéal que se créé chaque artiste et d'où procède son talent. Le visage de l'inconnue appartenait pour ainsi dire, au type fin et délicat de l'école de Proudhon et possédait aussi cette poésie que Girodet donnait à ses figures fantastiques[46].

L'amour de la beauté apprise auprès des grands peintres détourne le regard du réel et de la vérité. Il lui faudra bien des efforts pour laisser s'exprimer un légitime soupçon sur la moralité de la jeune fille. La baronne Schinner sera célèbre par son esprit, par son influence, par sa fortune et ses liaisons avec des hommes célèbres »[47]. Si l'épouse de Schinner confirme par la beauté de l'âme, l'harmonie intérieure que laissait supposer sa silhouette parfaite, en revanche l'épouse du baron Théodore de Sommervieux le déçoit un an seulement après leur mariage d'amour.

> *Le seul sublime qu'elle connût était celui du cœur. Enfin, Théodore ne put se refuser à l'évidence d'une vérité cruelle: sa femme n'était pas sensible à la poésie, elle n'habitait pas sa sphère* [...]; *elle marchait terre à terre dans le monde réel, tandis qu'il avait la tête dans les cieux*[48].

L'amour est donc un mode d'accès à la connaissance qui peut détourner du vrai. Cependant à la raison, à la philosophie et aux savoirs doctrinaux en général, Balzac veut malgré tout préférer la sensibilité exigeante, et ferme. La constance dans l'amour en art est une condition première pour être reconnu artiste:

> *Il avait satisfait à son désir qui renaissait tous les jours en s'évitant une longue course et la perte de temps devenu pour lui plus précieux que jamais*[49].

---

46. *La Bourse*, Pléiade, tome 1, p. 329.
47. *Petites Misères de la vie conjugale*, Pléiade, tome XII, p. 113.
48. *La Maison du Chat-qui-pelote*, Pléiade, tome 1, p. 53.
49. *La Bourse*, Pléiade, tome 1, p. 371.

Cette qualité d'âme, Balzac imagine que Schinner la tient de sa mère qui lui a transmis « son âme de femme »[50] et que celle-ci habite son être entier et irradie même son entourage.

> *Sa voix qui panait du cœur, y remuait chez les autres des sentiments nobles et témoignait d'une modestie vraie par une certaine candeur dans l'accent*[51].

Que la science ne puisse élucider le mystère des émotions ravit l'auteur qui, préférant les analogies scientifiques aux analyses, assimile l'amour à un « phénomène de galvanisme », un « fluide », voire quelques « proportions d'oxygène et d'électricité »[52]. La singularité de l'individu tient à la qualité et à la forme de sensibilité qu'il possède. La promotion de l'individualisme, particulièrement importante pour comprendre le mouvement romantique, va prendre de nos jours une ampleur telle que l'originalité confine à la folie. L'idée obsessionnelle qu'on décèle dans la passion des artistes de l'Art brut, par exemple, est recherchée, promue, comme si elle conduisait aussi sûrement à une forme de communication ésotérique, voire autistique dans la mesure où seuls d'autres artistes peuvent y accéder.

> *Les orages et les souffrances des sphères élevées ne sont appréciées que pour les nobles esprits qui les habitent. En toute chose, nous ne pouvons être jugés que par nos pairs*[53].

L'art et l'Absolu

Que la critique génétique puisse prouver que *Le Chef-d'œuvre inconnu* est un conte de circonstance commandé par la toute nou-

50. *La Bourse*, Pléiade, tome 1, p. 332.

51. *La Bourse*, Pléiade, tome, p. 333.

52. *La Bourse*, Pléiade, tome 1, p. 333.

53. *La Maison du Chat-qui-pelote*, Pléiade, tome 1, p. 61.

velle revue l'*Artiste*, qu'il fut rédigé en quelques jours sur le mode fantastique d'Hoffman pour paraître les 31 juillet et 4 août 1831, tout ceci ne peut récuser l'idée que c'était une œuvre que Balzac portait en lui depuis longtemps et qu'elle répondait à la question de la recherche de l'absolu en Art, question qu'il devait se poser à lui-même et dans un ouvrage qui portera ce titre. Cette démarche, bien connue dans le milieu des arts, pose les problèmes du rapport à soi-même – quand puis-je décider que mon oeuvre est aboutie? – et par rapport à la société – l'art peut-il impunément se démarquer totalement des contemporains sans être taxé de folie.

Toute la description de Frenhofer nous renvoie à la perversité diabolique et donc au monde négatif ou inversé qu'il représente:

> *Tenez, le trop de science, de même que l'ignorance, arrive à une négation. Je doute de mon œuvre*[54].

La rencontre avec Nicolas Poussin dans l'escalier de la maison de Porbus est éloquente à ce sujet. Le vieillard Frenhofer bouscule le jeune peintre qu'il désarçonnera par son attitude à l'égard du peintre flamand et par ses propos vifs et durs. Il lui reconnaît aussitôt « quelque chose de diabolique » que ne démentent ni sa « barbe grise en pointe », ni « ses yeux vert de mer » ni « ses regards magnétiques ». Certes, les codes du conte fantastique imposent le recours à de telles notations, mais ici c'est du fantastique intérieur qu'il s'agit car ce Frenhofer est le créateur rival de Dieu.

> *Ce vieillard aux yeux blancs, attentif et stupide, devenu pour lui plus qu'un homme, lui apparut comme un génie fantastique qui vivait dans une sphère inconnue.*
>
> *Tout en ce vieillard allait au-delà des bornes de la nature humaine*[55].

54. *Le Chef-d'œuvre inconnu*, Pléiade, tome X, p. 425.

55. *Le Chef-d'œuvre inconnu*, Pléiade, tome X, p. 425 et 426.

Claude E. Bernard[56] a bien analysé le thème de l'échange dans l'œuvre: c'est à qui achète à l'autre, je dirais volontiers achète l'autre et tout naturellement on peut penser à une autre visitation inversée. Porbus achète l'autre avant même qu'elle ne soit réalisée, Poussin offre sa Gilette contre la possibilité de voir le tableau achevé, Frenhofer lui-même avait acheté ses secrets à son maître Mabuse. L'œuvre diabolique ne mérite qu'un seul destin: périr par le feu. Cependant, si par nécessité ontologique la peinture est informe, elle préfigure aussi les arts informes à venir et bien avant eux ce qu'on appelle l'expressionnisme.

> *Le vieux Lansquenet se joue de nous, dit Poussin, en revenant devant le prétendu tableau. Je ne vois là que les couleurs confusément amassées et contenues par une multitude de lignes bizarres qui forment une muraille de peinture.*
>
> *En s'approchant, ils aperçurent dans un coin de la toile le bout d'un pied nu qui sortait de ce chaos de couleurs, de tons, de nuances indécises, espèce de brouillard sans forme*[57].

Les deux discours de Frenhofer à ses amis Poussin et Porbus donnent sens à cet apparent désordre formel qui, coupé de la tyrannie de la ressemblance, propose non l'objet naturel mais son équivalent plastique. Les explications du vieillard attirent cette réflexion du néophyte: « Il est encore plus poète que peintre » et Porbus la complète en disant que « là, finit notre art sur terre »[58]. Dans son avant propos, Nathalie Heinich[59] commente la « performance » à la Documenta de Cassel en 1972 de l'artiste James Byars dont l'intervention à la manifestation consista à se tenir sur le seuil du musée en tournant le dos au public. Ne restait donc de l'œuvre qu'un acte dont la critique put développer les significations selon quatre axes qui sont

56. *La Problématique de « l'échange » dans* Le Chef-d'œuvre inconnu *d'Honoré de Balzac*, Année Balzacienne, 1984, p. 201.

57. *Le Chef-d'œuvre inconnu*, Pléiade, tome X, p. 436.

58. *Le Chef-d'œuvre inconnu*, Pléiade, tome X, p. 437.

59. *Le Triple jeu de l'art contemporain*, Éd. de Minuit, 1998.

autant de transgressions spatiale, temporelle, matérielle, et des rapports entre les initiés à l'art et le grand publie. Ainsi, Nathalie Heinich peut-elle conclure que:

> [...] *le 'genre' an contemporain ne constitue qu'une partie de la production artistique, il est soutenu par les institutions publiques plus que par le marché privé, il se trouve au sommet de la hiérarchie en matière de prestige et de prix, et il entretient des liens étroits avec la culture savante et le texte*[60].

Ainsi, la prémonition de Balzac, inventeur de la peinture informelle se trouve réalisé. L'œuvre conserve son statut artistique parce que c'est un artiste qui la réalise et les deux amis de Frenhofer ne lui dénient jamais cette fonction même lorsque la prestation les laisse désemparés. Porbus trouve sur cette toile beaucoup de « jouissances » alors que Poussin s'interroge sur le « rien » contenu sur la toile et lorsque Frenhofer lui demande son avis, il n'a ni dénégation ni approbation à formuler: il renvoie le peintre à son œuvre en la désignant d'un geste et d'un mot: « voyez! ». Tout est dit et nous sommes en 1831: le jeune écrivain de trente-deux ans invente l'art de la fin du XXe siècle et en même temps la nécessité d'un texte d'accompagnement et la difficulté de la critique artistique.

Jacques Rivette en filmant *La Belle Noiseuse* en 1989, version actualisée du *Chef-d'œuvre inconnu*, s'égarera dans les méandres de considérations déjà maintes fois étudiées de l'art et du réel, du peintre et de son modèle, de l'art et de la société. Bernard Dufour, peintre figuratif, qui prête sa main à Frenhofer dans ce film, manque l'essentiel du conte de Balzac. Rivette, sensible à la chute du mur de Berlin et à la disparition de certaines idéologies, donne à l'œuvre de Frenhofer une valeur de message pour les générations à venir, ce qui la réduit à ce que Balzac condamnait avec l'exemple étudié plus haut du peintre fouriériste Dubourdieu. L'art est avant tout vécu au présent. Il a besoin, dirait Georges Braque, de trouver sa vérité dans l'espace dans lequel il s'est formé, même si la formule hugolienne

60. *Id.*, p. 11.

reste on ne peut plus exacte: le poète est « l'homme des utopies, les pieds ici, les yeux ailleurs » et, « pareil aux prophètes », il doit « faire flamboyer l'avenir ».

Balzac rival de Delacroix dans *La Fille aux yeux d'or*, Balzac caricaturiste, journaliste dans les *Scènes de la vie privée* mais aussi Balzac visionnaire. Nous pouvons souscrire à toutes les analyses d'influences des peintres sur le style de Balzac mais à la manière de Bridau pour en « surprendre les secrets »

Cependant l'intuition de François Mauriac mérite qu'on la prenne au sérieux: « la carrière de Balzac commence à peine », il faut pour cela accepter vraiment son génie visionnaire et relire les textes avec les développements qu'ont connu les arts depuis la fin du Romantisme jusqu'à nos jours. Aux deux ss de Balssa, Honoré de Balzac préféra le Z dont il sait « l'allure contrariée ». Le dessin de son nom, il l'a inscrit dans « le zigzag aléatoire et fantasque d'une vie tourmentée »[61]. Ce Z qui déconstruit ce qu'il est chargé d'unir intriguera Roland Barthes plus tard. C'est peut-être dans ce jeu déconstructif de l'art que Baudelaire a saisi « le plus héroïque, le plus singulier, le plus romantique parmi tous les personnages » qu'il a créés, entendez Honoré de Balzac en artiste.

61. *Z Marcas*, tome VIII, p. 830.

Balzac em Proust: Notas sobre a derradeira Albertine reencontrada

Leda Tenório da Motta[*]

Bien montrer pour Balzac
(Fille aux yeux d'or, Sarrazine, La Duchesse de Langeais, etc.)
les lentes préparations, le sujet qu'on ligote peu à peu,
puis, l'étranglement foudroyant de la fin

Contre Sainte-Beuve

trad. Haroldo Romanzini

Deixando de lado Flaubert – cuja literatura seria antes fantástica, veja-se Santo Antão lendo sua Bíblia e o cortejo insólito de demônios que dali partem, ou ainda Bovary saindo das leituras de Bovary, para não falar da posição absolutamente central dos livros em *Bouvard e Pecuchet* – e passando ao largo de Zola, cujos ciclos à la Balzac não teriam justamente o *fondu* balzaquiano, tão caro a Proust – é a Proust que cabe, pelo menos na França, a melhor parte da herança de Balzac.

Senão, exploremos ao longo do tempo que nos cabe, neste evento alusivo ao Bicentenário, as relações *palimpsestuosas* entre *A comédia humana* e *Em busca do tempo perdido*.

* Professora na PUC-SP, autora de *Catedral em Obras* (Iluminuras, 1995) e *Lições de Literatura Francesa* (Imago, 1997). Prepara atualmente a edição de *Francis Ponge – O objeto em jogo* (Iluminuras, no prelo).

Aproximando-se perceberam num canto da tela a ponta de um pé nu que saía daquele caos de cores, de tons, de matizes indecisos, espécie de bruma sem forma[57].

Os dois discursos de Frenhofer a seus amigos Poussin e Porbus dão sentido a essa aparente desordem formal que, libertada da tirania da semelhança, propõe não o objeto natural mas seu equivalente plástico. As explicações do ancião motivam essa reflexão do neófito: "Ele é mais poeta que pintor" e Porbus complementa-a dizendo que "aqui, acaba nossa arte sobre a terra"[58]. Em seu prefácio, Nathalie Heinich[59] comenta a *performance*, na Documenta de Cassel em 1972, do artista James Byars, cuja intervenção na manifestação consistiu em ficar na soleira do museu virado de costas para o público. Portanto, não restava da obra senão um ato cujos significados a crítica buscou explicar a partir de quatro eixos que constituem outras tantas transgressões – espacial, temporal, material e das relações entre os iniciados da arte e o grande público. Assim, Nathalie Heinich pode concluir que:

o "gênero" arte contemporânea constitui apenas uma parte da produção artística; ela é sustentada mais pelas instituições públicas que pelo mercado privado, encontra-se no alto da hierarquia em matéria de prestígio e de preço, e tem relações estreitas com a cultura erudita e com o texto[60].

Assim, a premonição do Balzac inventor da pintura informal se realizou. A obra conserva seu *status* artístico porque é um artista que a executa e os dois amigos de Frenhofer não lhe negam nunca essa função, mesmo quando a apresentação da obra os deixa desconcertados. Porbus encontra nessa tela muitos "gozos" enquanto Poussin se pergunta sobre o "nada" contido na tela, e quando

57. *Le Chef-d'œuvre inconnu*, Pléiade, t. X, p. 436.

58. *Le Chef-d'œuvre inconnu*, Pléiade, t. X, p. 437.

59. *Le Triple jeu de l'art contemporain*, Éd. de Minuit, 1998.

60. *Id.* p. 11.

Proust, antes de mais nada, reivindica a grande sistematização tardia de Balzac. A saber: a volta das mesmas personagens, a interpolação dos tempos, quer dizer, dos espaços, a grande colagem dos mosaicos, a grande e paradoxal seqüência de partes descontínuas – necessariamente descontínuas, aliás, dada a publicação por etapas. Formidável dispersão rumo ao centro que só bruscamente se impõe ao autor de *A comédia humana*, quase em final de percurso, por iluminação retrospectiva fulgurante, como nota ele em *Contra Sainte-Beuve*. Pouco antes de, por sua vez, dar início ao romance do tempo perdido. Imaginando a embriaguez de Balzac diante da revelação da unidade de seus volumes[1].

Ao longo das quatro mil páginas de *Em busca...* – em que as pessoas, as épocas, os lugares igualmente ressurgem – Proust vai refazer a suma balzaquiana, com atraso controlada, sob a impressão da qual escreve *Contra Sainte-Beuve*. É bem verdade que introduzindo aí um Narrador que diz "eu", e que está bem consciente de dizê-lo, desde as mais diferentes posições temporais, o que muda tudo, num certo sentido, já que não há fio de voz em primeira pessoa em Balzac. Mas nem por isso Balzac deixa de estar em Proust, na fabricação mesma do terreno romanesco, terreno plutoniano como o do mestre, em que "as lavas de diferentes épocas se misturaram", como lemos.

De Balzac em Proust sobrevivência pois de uma sismografia. A que trataremos de referir uma última Albertine possível, evocando um inédito proustiano reencontrado, como por milagre, nos guardados da família por afinidade, isto é, os Mauriac, em 1986. Trata-se de um manuscrito em torno do qual se fez muito barulho nos anos 80, pois se pretendeu na época, o que ainda hoje se sustenta, que ali estava uma última versão do romance de Albertine, ou uma Albertine *in extremis*, em que Proust trabalhava alguns meses antes de sua morte, em busca – eis o que é mais digno de nota – de uma aceleração balzaquiana! Vale dizer, de alguma revelação tão surpreendente

---

1. Marcel Proust, "Sainte-Beuve et Balzac", *Contre Sainte-Beuve*. Paris: Gallimard-Pléiade, 1954. Tradução brasileira de Haroldo Ramanzini em *Contra Sainte-Beuve – Notas sobre crítica e literatura*, São Paulo: Iluminuras, 1998.

quanto concludente. O que demandava fazer cortes de monta no texto de *A fugitiva*, que o escritor se teria posto então a reduzir, contra o seu procedimento habitual, senão obsessional, que consistia em aumentar. Tudo isso para chegar ao mesmo tempo em que ele vê Flaubert coincidir com Balzac: "Num final esplêndido para Felicité".[2]

Nós voltaremos a essa datilografia desenfurnada, que confirmaria, por assim dizer espetacularmente, a posteridade proustiana de Balzac. Mas antes de enfocar esse deslocamento possivelmente derradeiro do texto, feito para confirmar, do mesmo golpe, o inacabamento da catedral proustiana, ou o caráter sempre em progresso da obra, tão proliferante quanto a de Balzac, observe-se que Proust, além de reclamar, e melhor que isso de interiorizar a unidade difícil de Balzac, não põe as mãos na massa sem se ver antes, numa outra série de escritos mais ou menos da mesma época, na necessidade de devorar Balzac. Isto é, de fazer dele, como acontece em 1909, objeto de pastiche. O fato de *pastichar* equivalendo, como já notava George Painter em sua célebre biografia de Proust, a uma operação de autopurificação, por exorcismo de estilo. Em sua economia de faca de dois gumes, a paródia proustiana de Balzac, no limiar de *Em busca...*, não faz cessar a influência, por ora imobilizadora, do predecessor sem integrá-la por completo, até a imitação agressiva.

Ora, essa devoração liminar é tão mais interessante quanto o grande escritor assim desafiado por um futuro grande escritor não é sequer respeitado à época de Proust, nos primeiros decênios do século. A voz corrente sendo então que Balzac não escreve. "Copioso improvisador", "escriba insuficientemente meticuloso" que ele é, com seus "mistérios de Rocambole", na opinião, por exemplo, em *Sodoma e Gomorra*, do universitário Brichot[3]. Opinião vinda da Sorbonne que por si só fala das possibilidades de *A comédia humana* na *belle époque,* entre literatos. Excetuados os *jeunes premiers* como Proust precisamente, ou as velhas almas de artista da têmpera do barão de Charlus, de que descobrimos, sempre em *Sodoma e*

2. *Idem, ibidem.*

3. *À la Recherche du temps perdu*, Paris: Gallimard-Pléiade, 1954, v. II, p. 1051.

Gomorra, que era possuidor de uma edição do *Cabinet des Antiques* com correções do próprio punho de Balzac[4]. É por isso mesmo, aliás, que Oriane, a tia tão aristocrática do barão, desprezando os sentimentos de Madame de Villeparisis, que acha Balzac inverossímil, e manifestando assim a superioridade do espírito Guermantes, já podia dizer em *Le Côté de Guermantes*, sobre as relações de Charlus com o autor tão pouco reputado de *As ilusões perdidas*: Mémé "sabe Balzac de cor"[5]. Memé e o Narrador proustiano são tão cúmplices no que diz respeito a Balzac que ocorre ao Narrador lhe fazer a seguinte observação à la Oscar Wilde, cheia de fé na premissa da imitação da arte pela vida real: "Você que tanto gosta de Balzac e sabe reconhecê-lo na sociedade contemporânea, não acha que esses Cambremer saem das cenas da vida no interior?[6]"

Proust que – prossigamos em nossa transtextualidade – arde de desejo de chegar lá, persegue, 50 anos depois, a exemplo do noivo de madame Hanska, certas freqüentações de prestígio, suscetíveis de lhe abrirem as portas dos salões: do bairro de Saint Germain, no romance, do Faubourg Saint Honoré na vida dita de verdade. De tal modo que, se ele dá mostras, nas 36 páginas de seu *Sainte-Beuve* – contra 20 dedicadas a Baudelaire, 10 a Nerval, 4 a Flaubert –, de tanta compreensão para com as fraquezas mundanas de Balzac, que provocam na mãe ali presente exclamações quanto à "vulgaridade de sentimentos aliás", a coisa é perfeitamente projetiva.

Proust só podendo identificar-se com os baixos anseios do grande escritor à espreita de um feliz casamento. Ele que se prepara nesse mesmo momento para investir todas as suas próprias mazelas num livro em projeto: esnobismo, inversão sexual, asma nervosa, insônia, preguiça, desperdício de tempo... Coisas de que se alivia assim pois, sob pretexto de desculpar Balzac. Razão pela qual dirá à sua mãe, com quem começa por concordar: "Balzac põe completamente no mesmo plano os triunfos da vida e da literatura.

4. II, 699.

5. II, 491.

6. II, 1051.

'Se eu não for grande pela *Comédia humana*', Proust escreve que Balzac escreve à irmã, 'haverei de sê-lo por essa conquista'." O casamento, explica entre parênteses. E acrescenta, discordando desta vez da mãe interlocutora: "Mas veja que a própria vulgaridade é talvez a causa da força de algumas de suas pinturas".

Vulgar Balzac é, com efeito, segundo o aprendiz de escritor de *Contra Sainte-Beuve*, e mais vulgar ainda quando trata de disfarçar, dizendo, por exemplo, "*adio*" em vez de "adeus". Mas a vulgaridade não impede o gênio; nesse caso, ao contrário, é sua condição. Assim como a inorganização do estilo não impede um novo estilo. De que Proust nos diz: "O estilo é de tal forma a marca da transformação que o pensamento do escritor impõe à realidade que, em Balzac, não há propriamente estilo." Tão enorme, tão perturbadora, tão sem véu e ali a realidade, ele quer dizer.

Proust que – continuemos a comparar – revela-se em seu tratado da vida elegante tão conhecedor quanto Balzac dos salões e das cozinhas, das duquesas e da criadagem que lhes segue necessariamente os passos, das diferentes espécies da nobreza, grande, média, de império, e das classes laboriosas, da cidade e do interior, da vida de salão, que continua a da corte, e da rua... Nenhum desses mundos – "vasos comunicantes", para retomar a expressão famosa de Proust – existindo sem o outro, nem se confundindo tampouco com o outro; daí suas regras e o preço que se paga por infringi-las. Daí, principalmente, a partilha das diferentes condições, a exigir um formidável registro dos idioletos. E mais que isso uma verdadeira ciência onomástica, que tem parte com a mimologia, ou a "Viagem a Cratília", graças à qual mimetização as coisas carregam, em ambos os casos, o atributo dos nomes: Bianchon, Popinot, Grandet, Chandier, Chardon, por um lado, Nucingen, Langeais, Listomère, Négrépalisse, mesmo se Négrépalisse é algo ridículo, por outro lado, em Balzac; Jupien, Brichot, Cottad, Verdurin, Simonet, por um lado, Laumes, Agrigente, Brauté, Guermantes, Cambremer, mesmo se Cambremer é ridículo, embora nobre, por outro lado, em Proust.

É toda uma maravilhosa técnica narrativa motivante, sem cuja aquisição, dizia Roland Barthes num dos seus velhos ensaios críticos, o romance proustiano não teria começado a funcionar, por volta de 1909[7]. Talvez fosse preciso acrescentar à fina observação de Barthes que essa técnica não se imporia a Proust sem a imposição, ou a impregnação, antes, de Balzac formulador de nomes justos.

Proust cuja Albertine, que é legião, declina este diagnóstico de *Esplendores e misérias das cortesãs*, quando Rubempré vai parar na Conciergerie: "E chorou durante quatro horas, aparentemente insensível, como uma figura de pedra, mas sofrendo por todas as suas esperanças desmoronadas, atingido em seu orgulho desfeito, em todos os egos que ostentam o ambicioso, o ser apaixonado, o aquinhoado, o dândi, o parisiense, o poeta, o voluptuoso e o privilegiado."

Dir-se-ia Albertine, de fato, ou melhor, todas as Albertines que desencadeiam no Narrador proustiano todos aqueles solilóquios em que ele passa em revista as infinitas possibilidades, nunca conclusivas, acerca de si mesmo e dos demais.

Proust que, pela mediação de um Narrador em pane, às voltas com a tentativa de escrever um romance de que só temos, ao fim e ao cabo, a promessa, reencena toda a série de escritores malogrados de Balzac. Toda essa gente do *metier* que só vinga como jornalista, ou como amante, ou os dois, quando vinga, a exemplo de Lucien de Rubempré.

Proust que não diferencia amor verdadeiro e ambição, paixão e esnobismo. Sabendo, como Balzac, o papel que a situação social pode desempenhar no imaginário do desejo.

Proust cuja grafomania e a inorganização daí decorrente, principalmente no fim, repetem a suposta deficiência estilística de Balzac. Permitindo a André Gide repisar o conceito de Gustave Lanson, para o qual a negligência escritural balzaquiana produz uma "fraseologia grandiloqüente"[8]. Gide, como é conhecido, abismando-se com o trecho em que as vértebras da tia Léonie "transpareciam em sua fronte". Fragmento pessimamente escrito, segundo

7. Roland Barthes, "Proust et les noms", *Nouveaux essais critiques*, Paris: Seuil, col. Point, 1972.

8. Em francês: "une phraséologie pompier". Gustave Lanson.

ele, que não é o único a selar a sorte do autor de *Swann* junto à editora Gallimard, quando das primeiras tentativas de publicação do primeiro tomo de *Em busca do tempo perdido*[9].

Ora, de todas as afinidades existentes entre nossos dois romancistas, uma chama particularmente a atenção. Voltemos à abertura: é a insistência em Proust dos movimentos sísmicos de Balzac, na preparação do acabamento. Para dizê-lo de outra forma: trata-se da irrupção balzaquiana, inquietante, transformadora, vertiginosa, do passado no presente. Irrupção a que se liga a idéia de ciclo. Idéia a que se liga a possibilidade de estabelecer relações entre os diferentes tomos, ou de produzir novas abordagens, capazes de dar vida nova, de fazer funcionar, de fazer vibrar todo o conjunto.

E que escritor não gostaria de ver funcionar seu artifício? Ver dizer dele, como Oscar Wilde a respeito de Balzac, bem antes de ir parar, por seu turno, na prisão, com isso dublando o herói das *Ilusões perdidas*, e observando a premissa da imitação da arte pela vida: "a maior tristeza de minha vida foi a morte de Lucien de Rubempré"?

Ora, publicando também sua obra por etapas, e devendo assim controlar, por retrospecto, seu material, igualmente proliferante, não fica difícil imaginar o que mais devia estar mobilizando Proust naquele ano de 1922. Moribundo, o escritor, muito presumivelmente, ensaia insuflar mais vida em suas criaturas de papel. A mesma verdadeira vida – a mesma verdadeira vida falsa – de que ele nos diz ainda, em *Contra Sainte-Beuve*, que é a única que vale a pena, aquela que movimenta o mundo-livro de Balzac, ao ponto de fazer chorar.

Data desse ano, quanto a isso não há controvérsia, o inimaginável manuscrito reencontrado a que fazíamos menção. Documento em que alguns viram, com efeito, mais que uma simples adição a *Em busca...*, algo capaz de mudar absolutamente toda a montagem de *A fugitiva*, e assim todo o edifício do romance.

Que se passa, na verdade, com essa datilografia?

Relendo-se, Proust decide impor um ritmo mais marcado, e

9. Cf. por exemplo, George Painter, "Désolation au lever du soleil", *Marcel Proust – Les Années de Maturité*, Paris: Mercure de France, 1966.

com isso um desenlace mais tocante, à *Fugitiva*. O que demanda um maior grau de condensação do texto, vale dizer o corte de uma quantidade importante de páginas desse ciclo. Na verdade, serão 250 páginas suprimidas. Ora, tal redução determina, por sua vez, toda uma série de remanejamentos por toda parte no conjunto, providências essas que o autor, cada vez mais doente, à beira da morte, acaba não tento tempo de administrar. Daí, na seqüência imediata, por acordo entre os editores póstumos, dentre os quais figura o irmão, Robert Proust, o abandono inevitável do remanejamento, que vem de novo à tona nos anos 80, ao que parece.

Vejamos rapidamente os detalhes[10].

Junho de 1986: descoberta, entre os papéis do escritor Claude Mauriac, filho de François Mauriac, marido de uma das netas de Robert Proust, de uma pasta contendo um manuscrito, com correções do próprio Proust.

Outubro de 1987, ano da queda em domínio público de *Em busca...*, aliás: publicação pela editora Grasset, sob o comando de Nathalie Mauriac, bisneta de Robert Proust, sobrinha-bisneta do melhor escritor da família, *normalienne e agregée* em letras, do referido novo texto, sob o título *Albertine disparue*.

Nota-se a publicação do precioso inédito pela Grasset, a casa por onde Proust começara, vindo de uma negativa da Gallimard: a família rendendo assim todas as homenagens, senão os dividendos do negócio proustiano, no ano do domínio público, à velha editora. E note-se também a volta à baila do título *Albertine disparue*, há muito abandonado, em benefício de *A fugitiva*, pelos organizadores da Pléiade de 1954, pela qual passaram gerações de leitores.

Sob esse novo título que se recupera – rubrica de que não se tinha certeza se era realmente de Proust ou não, até esse ponto, o que o inédito tem a vantagem suplementar de atestar – é toda uma reviravolta nas condições da morte de Albertine que se propõe do mesmo golpe. E com isso mais uma pincelada à la Balzac. Suscetível, desta vez, de tornar o romance mais romanesco, como Proust

10. Menos rapidamente, toda a evolução dos acontecimentos é apresentada no capítulo "Catedral em obras" de meu livro de mesmo nome, pela editora Iluminuras, 1995.

promete ele que será, de resto, em certa correspondência da época, trazida à consideração pela sobrinha-bisneta, correspondência trocada com a Gallimard no exato momento em que o escritor revê, corta, acelera, debruça-se sobre sua criação.

De que reviravolta se trata?

Na verdade, o acréscimo introduz uma pequena modificação, mas atordoante, nas circunstâncias da morte de Albertine, ocorrida em Touraine, em sua própria casa, na antiga versão de *A fugitiva*, e agora transportada para as margens do rio Vivonne, do lado de Méséglise, quadro dos amores lésbicos das senhoritas Léa e Vinteuil.

"Meu pobre amigo, nossa pequena Albertine já não existe, perdoe-me dizer essa coisa horrível a quem gostava tanto dela. Foi jogada contra uma árvore pelo cavalo durante um passeio", lemos em *A fugitiva*. E na variante: "Foi jogada contra uma árvore pelo cavalo durante um passeio que fazia às margens do rio Vivonne"[11]. Pela força dessas poucas palavras vindas da tia enlutada, o que se dá, de fato, é um deslocamento dos termos mesmos do epílogo do ciclo em questão, e um reencetamento ou reabertura da intriga. Pois aí temos Albertine na perseguição de Léa! Aí temos todo um suspense!

Montjouvain, que essa última versão põe em jogo, para um maior efeito de referencialidade e de peripécia, é o sítio em que o jovem Narrador proustiano toma a sua primeira lição de sexo dada pelo outro. Temos aí as paragens onde ele assiste, como *voyeur*, ao desconcertante espetáculo oferecido pelas duas moças aos abraços por detrás da janela iluminada da casa do pobre músico Vinteuil, cuja memória as duas conspurcam.

Temos aí um dos lados malditos da geografia proustiana, em suma. Um "côté" estigmatizado, ponto de origem da equação proustiana que iguala o amor e o mal. Eis porque, oferecendo um flagrante de Albertine em terras de Gomorra, a carta da tia acena igualmente com uma certeza. Não tanto quanto à verdadeira propensão sexual da senhorita, que permanece obscura, porém quanto à sua traição. A peripécia tem a ver com a certeza da incerteza,

---

11. *La Fugitive*, *op. cit.*, v. IIII, p. 476; Nathalie Mauriac org., *Albertine Disparue*, Paris: Grasset, 1987, p. 111.

digamos. Aí está "o final esplêndido de Félicité", à maneira proustiana.

Teria Proust realmente tramado esse epílogo tão propalado pela editora de *Albertine desaparecida*? Nós nunca haveremos de saber com certeza.

Em 1993, o erudito italiano Giovanni Macchia, especialista em Proust, trazia uma interpretação totalmente diversa[12]. O manuscrito achado no baú dos Mauriac nada mais seria que uma súmula de *A fugitiva*, para a revista *Œuvres Libres*, em que Proust já havia publicado anteriormente duas outras adaptações de seu romance, no intuito de dá-lo a conhecer. É a morte que o impede de fazer seguir mais essa terceira, sustenta Macchia, e é esse o texto reencontrado em 1986.

A hipótese do italiano não contabiliza, no entretanto – Nathalie Mauriac tem razão de enfatizá-lo no jornal *Le Monde*, onde o livro de Macchia é resenhado[13] – o caráter perturbador dessa retomada, ou o inegável reprocessamento do texto, seja qual for o alvo do manuscrito reencontrado. Não há conceito de texto acabado em Proust.

Nós ficamos por isso, mais que nunca, com o efeito Balzac.

12. Giovanni Macchia, "Le roman d'Albertine", *L'Ange de la nuit*, Paris: Gallimard, 1993. Traduzido do italiano *L'Angelo della notte*, Milão, Rizzoli, 1990.

13. Nathalie Mauriac, "L'intruse de la Recherche", *Le Monde*, 12 fev. 1993.

De Balzac a Proust
Notes sur la derniere Albertine retrouvee

Leda Tenorio da Motta[*]

Bien montrer pour Balzac
(Fille aux yeux d'or, Sarrazine, La Duchesse de Langeais, etc.)
les lentes preparations, le sujet qu'on ligote peu a peu,
puis, l'etranglement foudroyant de la fin.

Contre Sainte-Beuve

Laissant de côté Flaubert – dont la littérature serait plutôt fantastique, si l'on pense à Saint Antoine lisant sa Bible et au cortège insolite de démons qui s'ensuivent, tout comme Bovary sort des lectures de Bovary, pour ne pas parler de la position absolument centrale des livres dans *Bouvard et Pécuchet* – et faisant l'économie de Zola, dont les cycles romanesques à la Balzac n'auraient justement pas le fondu balzacien, si cher à Proust – c'est à Proust qu'il revient, du moins en France, de continuer Balzac.

Il s'agira donc d'explorer, assez brièvement, les liens palimpsestueux, qui ne cessent pas de se laisser surprendre, dans cette

* Professeur à la PUC-SP, auteur de *Lições de Literatura Francesa* (Imago, 1997) e *Francis Ponge – O objeto em jogo* (Iluminuras, sous presse), entre autres.

année du Bicentennaire, entre *La Comédie humaine* et *À la Recherche du temps perdu.*

Proust revendique, en effet, la grande systématisation après coup de Balzac. À savoir, le retour des mêmes personnages, l'interpolation des temps, c'est-à-dire des espaces, le grand raccord des mosaïques, la grande et paradoxale suite de morceaux discontinus, nécessairement discontinus d'ailleurs, étant donné la publication avant terme. Laquelle formidable dispersion vers le centre s'impose brusquement à l'auteur de *La Comédie humaine*, presque en fin de parcours, par illumination rétrospective foudroyante, note-t-il dans *Contre Sainte-Beuve*, juste avant d'entrer pour sa part et pour de bon en littérature, imaginant l'ivresse qu'a dû éprouver Balzac lorsqu'il entrevoit l'unité possible de ses volumes[1].

Tout le long des quatre mille pages de son roman – où les gens, les époques, les lieux reviennent tout aussi bien – Proust va la refaire, cette mosaïque balzacienne, tardivement contrôlée, sous l'impression de laquelle s'écrit *Contre Sainte-Beuve.* Y ajoutant, il est vrai, un Narrateur qui dit « je », et qui est très conscient de le dire, depuis différentes positions temporelles, ce qui change tout, en un sens, vu qu'il n'y a pas de fil de voix à la première personne dans Balzac. Mais Balzac est bien là chez Proust, dans la fabrication même du terrain romanesque, terrain plutonien, comme celui du maître, « ou les laves d'époques différentes sont mêlées », lisons-nous.

De Balzac à Proust, survivance donc d'une sismographie. À laquelle nous tâcherons plus tard de ramener la dernière Albertine, évoquant un inédit proustien retrouvé, comme par miracle, dans les vieux papiers de la belle-famille, c'est-à-dire les Mauriac, en 1986. Manuscrit autour duquel on a fait beaucoup de bruit dans les années 80, car on a prétendu à l'époque que ce serait une dernière écriture du roman d'Albertine, ou une Albertine *in extremis*, à laquelle Proust travaillait quelques mois avant sa mort, à la recherche – voilà qui est encore plus formidable – d'une accélération balzacienne! C'est-à-dire, d'une révélation aussi surprenante que clôturante. Ce qui exi-

1. Marcel Proust, « Sainte-Beuve et Balzac », *Contre Sainte-Beuve*. Paris: Gallimard-Pléiade, 1954.

geait de faire des coupures d'importance dans le texte de *La Fugitive*, que le romancier se serait mis alors à réduire, contre sa procédure habituelle, sinon obsessionnelle, qui était d'ajouter. Tous ces remaniements pour arriver à ce même point où il voit Flaubert, toujours dans *Contre Sainte-Beuve*, rejoindre Balzac: « à une fin splendide pour Felicité »[2]. C'est d'une science de la fin qu'il s'agit alors, en somme.

Nous y reviendrons à cette dactylographie retrouvée, qui confirmerait, pour ainsi dire spectaculairement, la postérité proustienne de Balzac. Mais avant d'y arriver à ce déplacement possiblement terminal, fait pour confirmer, du même coup, l'inachevèment de la cathédrale proustienne, ou le caractère toujours en progrès de l'œuvre, aussi proliférante que celle de Balzac, soulignons que Proust, outre que de se réclamer, et mieux que cela, de se nourrir ainsi de la quête ardue de Balzac, ne se met point à l'œuvre sans éprouver, dans une autre série de travaux à peu près de la même époque, le besoin de dévorer Balzac. C'est-à-dire, sans en faire, comme c'est le cas en 1908, un objet de pastiche. L'action de *pasticher* constituant, comme le disait déjà George Painter dans sa célèbre biographie proustienne, une opération de purification, par exorcisme de style. Dans son économie à double tranchant, la parodie proustienne de Balzac, au seuil de la *Recherche*, n'arrête pas l'influence pour l'instant immobilisatrice du prédécesseur sans l'intégrer complètement, jusqu'à l'imitation agressive.

Or, cette dévoration liminaire est d'autant plus intéressante que le grand écrivain ainsi bravé par un futur grand écrivain n'est, du temps de Proust, vers le début du siècle, même pas admis, même pas prisé, la voix courante étant que Balzac n'écrit pas. « Copieux improvisateur » qu'il est, « scribe insuffisament méticuleux », avec ses « mystères de Rocambole », selon l'avis, à *Sodome et Gomorrhe*, de l'universitaire Brichot, par exemple[3]. Opinion venant de la Sorbonne qui en dit long sur les possibilités de la *Comédie humaine* à la *belle époque* chez les littéraires. Exception faite des jeunes premiers comme Proust précisément, ou des vieilles âmes d'artiste de la trempe

2. *Idem, ibidem.*

3. *À la Recherche du temps perdu.* Paris: Gallimard, Pléiade, 1954, II, p. 1051.

du baron de Charlus, dont nous découvrons, toujours à *Sodome et Gomorrhe*, qu'il possédait une édition du *Cabinet des Antiques* avec des corrections de la main de Balzac[4]. C'est bien pourquoi Oriane, la tante on ne peut plus aristocratique du baron, faisant fi de l'opinion de Madame de Villeparisis, qui trouve Balzac invraisemblable, et signifiant par la même occasion la superiorité de l'esprit Guermantes, disait déjà dans *Le Côté de Guermantes*, à propos des rapports de Charlus à l'auteur si peu réputé des *Illusions Perdues*: Mémé « le sait par cœur »[5]. Mémé et le Narrateur proustien sont du reste si complices en ce qui concerne Balzac, qu'il arrive au Narrateur de lui faire cette remarque à la Oscar Wilde, pleine de foi dans l'imitation de l'art par la vie réelle: « Vous qui aimez tant Balzac et savez le reconnaître dans la société contemporaine, ne trouvez-vous pas que ces Cambremer sont échappés des scènes de la vie de province? »[6].

Proust qui – progressons dans notre transtextualité – brûle comme Balzac de parvenir, rêve comme Balzac d'ascension sociale, quête, 50 ans plus tard, à l'instar du fiancé de Madame Hanska, de belles frequentations. Susceptibles de lui ouvrir la porte des hôtels du quartier Saint Germain dans la fiction, du Faubourg Saint Honoré dans l'ainsi dite vraie vie. Si bien que s'il fait montre dans les 36 pages Pleiade de son *Sainte-Beuve* – contre 20 pages dédiées à Baudelaire, 10 à Nerval, 4 à Flaubert – de tant de comprehension envers les faiblesses mondaines de Balzac – qui font dire à la mère toujours présente qu'elle lui trouve une « vulgarité de sentiments », du reste – cela n'est que parfaitement projectif. Proust ne pouvant mieux faire que de s'y reconnaître dans les bas sentiments du grand écrivain à la recherche d'un beau mariage. Lui qui se prépare alors à investir toutes ses propres bassesses dans son livre à venir: snobisme, inversion sexuelle, asthme nerveuse, insomnie, paresse, mondanisme, gaspillage... Toutes choses dont il se décharge sous couvert de disculper Balzac. Disant donc à la mère, avec laquelle il commence par être d'accord: « Balzac met tout à fait sur le même

4. II, 699.
5. II, 491.
6. II, 1051.

plan les triomphes de la vie et de la littérature. 'Si je ne suis pas grand par *La Comédie humaine*', écrit Proust reprenant ce que Balzac écrit à sa sœur, 'je le serai par cette réussite' », le mariage, explique-t-il entre parenthèses. Et d'enchaîner, prenant cette fois-ci du recul par rapport à son interlocutrice de mère: « Mais vois-tu, cette vulgarité même est peut-être la cause de la force de certaines de ses peintures ».

Vulgaire, Balzac l'est, selon l'apprenti-écrivain de *Contre Sainte-Beuve*, et davantage quand il veut le déguiser, disant, par exemple, « adio » au lieu de dire « adieu ». Mais la vulgarité n'empêche pas ici le génie, au contraire, elle est sa condition. Tout comme l'inorganisation du style n'empêche pas un nouveau style. Proust dira à propos: « Le style est tellement la marque de la transformation que la pensée de l'écrivain fait subir à la réalité que, dans Balzac, il n'y a pas à proprement parler de style ». Tellement la réalite y est énorme, troublante, brutale. Sans écran, veut-il dire.

Proust qui – continuons de comparer – est dans son traité de la vie élégante aussi connaisseur que Balzac l'est des salons et des cuisines, des duchesses et de la suite de serviteurs qui évoluent nécessairement avec, des différentes espèces de la noblesse, grande, moyenne, d'empire, et de la bourgeoisie, petite, moyenne et grande, de la ville et de la province, de la vie des salons, qui continuent celle de la cour, et de la rue. Chacun de ces mondes – des « vases communicants » pour reprendre l'expression fameuse de Proust – n'existant pas sans l'autre. Mais ne se confondant pas non plus avec l'autre. D'où leurs règles et le prix qu'on paye à vouloir les ignorer, dans les deux cas. D'ou principalement, dans les deux cas, le partage des conditions, qui ne va pas sans un formidable enregistrement des idiolectes. Ni sans une véritable science onomastique, relevant de la mimologie, ou du « Voyage en Cratylie ». Et c'est grâce à cette mimétisation que les choses sont selon le sous-entendu ou la justesse des mots: les Bianchon, les Popinot, les Grandet, les Chandier, les Chardon, d'un côté, les Nucingen, les Langeais, les Listomère, les Négrépelisse, même si Négrépelisse est ridicule et ridiculisant, de l'autre côté chez Balzac; les Jupien, les Brichot, les Cottard, les Verdurin, les Simonet, d'un côté, les Laumes, les Agrigente, les

Breauté, les Guermantes, les Cambremer, même si Cambremer est aussi ridicule, quoique noble, de l'autre côté chez Proust.

C'est toute une merveilleuse technique narrative motivante, sans l'acquisition de laquelle, disait Roland Barthes dans un de ses anciens essais critiques, le roman proustien n'aurait pas pris, vers 1909[7]. Ce qu'il faudrait peut-être ajouter à la fine observation de Barthes c'est que cette technique ne se serait pas imposée à Proust sans l'imposition ou la prégnance, tout d'abord, de Balzac faiseur de noms justes.

Proust qui, par l'intermédiaire d'un seul Narrateur en panne, parti pour essayer d'écrire un roman, dont nous n'avons en fin de compte que la promesse, remet en scène toute la série des écrivains ratés de Balzac. Tous ces gens du metier qui ne réussissent qu'en tant que journalistes, ou amants, ou les deux, tant qu'ils réussissent, comme Lucien de Rubempré avant la décadence.

Balzac aimait se décrire ainsi, sous le masque de la dénégation, faisait observer récemment, dans un dossier au *Magazine Littéraire*, l'un des interviewés[8]. Une autre possibilité de voir la chose consisterait a percevoir dans les ratés de Balzac, loin de la confirmation rieuse du créateur à la distance olympienne de ses créatures, le même genre d'affolement qui fait penser au Narrateur proustien qu'il ne viendra jamais à bout de son projet. Et dans ce cas, c'est plutôt Proust qui exerce de l'influence sur Balzac, influence rétroversée, du genre dont nous parle Borges en traitant, dans un texte célèbre, de Kafka[9].

Proust, dont l'Albertine est légion, qui décline ce morceau des *Splendeurs et misères*, le moment ou Rubempré se voit enfermé à la Conciergerie: « Et il pleura pendant quatre heures, insensible, en apparence, comme une figure de pierre, mais souffrant de toutes ses espérances renversées, atteint dans toutes ses vanités sociales, dans son orgueil anéanti, dans tous les mois que présentent l'ambitieux,

---

7. Roland Barthes, « Proust et les noms », *Nouveaux essais critiques*. Paris: Seuil, col. Pointe, 1972.

8. Pierre Michon, propos recueillis. *Magazine Littéraire*, número 373, février 1999.

9. « Kafka y sus precursores », *Otras Inquisiciones*. Buenos Aires: Emecé, 1974, p. 710-712.

l'amoureux, l'heureux, le dandy, le parisien, le poète, le voluptueux et le privilegié. » On dirait en effet Albertine, ou plutôt toutes les Albertines qui président chez le Narrateur proustien aux soliloques où il passe en revue toutes ses possibilités non conclusives sur soi-même ou les autres.

Proust qui ne dissocie pas, ajoutons encore, amour vrai et ambition, passion et snobisme, sachant comme Balzac l'énorme part que la situation sociale peut avoir dans l'imaginaire du désir.

Proust dont la fureur d'écrire, et la conséquente inorganisation, surtout à la fin, de la masse écrite, répète la supposée non écriture balzacienne, tant et si bien que, doublant Gustave Lanson, pour qui la négligence scripturale de Balzac produit une « phraséologie pompier »[10], nous avons André Gide, tombé en arrêt devant le morceau fameux de *Swann* où il est question des vertèbres de tante Léonie qui « sur son front transparaissaient ». Fragment, selon Gide, de mauvais style, qui n'est pas le seul à décider du sort de Proust aux éditions Gallimard, lors des premières tentatives de publication[11].

Or, de toutes les affinités existant entre nos deux romanciers, l'une retient particulièrement l'attention. Revenons à notre ouverture: c'est l'insitance chez Proust des mouvements sismographiques de Balzac, en vue d'une clôture. En d'autres termes, la même irruption transformatrice, opérationnelle du passé dans le présent. Irruption à laquelle se rattache l'idée de cycle. Idée à laquelle se rattache la possibilité de faire des rapports entre les livres, ou de produire de nouveaux aperçus, capables de redonner vie, de faire fonctionner, vibrer l'ensemble.

Et quel écrivain ne voudrait pas voir marcher son artifice? S'entendre dire, comme Oscar Wilde, bien avant son emprisonnement, grâce auquel sa vie imite le héros des *Illusions Perdues*, et donc l'art de Balzac: la plus grande tristesse de ma vie a été la mort de Lucien de Rubempré!

---

10. Gustave Lanson, *Histoire de la littérature française*. Paris: Hachette, 1894, p. 1001. Je dois cette référence à Leyla Perrone-Moisés, « Balzac e as flores da escrivaninha », *Flores da Escrivaninha*. São Paulo: Companhia das Letras, 1990.

11. Cf. par exemple George Painter, « Désolation au lever du soleil », *Marcel Proust – Les Années de Maturité*. Paris: Mercure de France, 1966.

Or, publiant lui aussi avant terme, et devant contrôler par rétrospection son matériel, tout autant proliférant, c'est à se rendre créateur, donnant la même vraie vie, la même vraie fausse vie dont vivent les personnages de Balzac, au point de faire pleurer, que Proust moribond s'attelait en cette année de 1922. De laquelle date, cela est sans controverse, l'inimaginable manuscrit retrouvé. Où certains ont effectivement vu, plus que simplement une dernière addition à la *Recherche*, un ajout susceptible de changer absolument tout le montage de *La Fugitive*, et ainsi tout l'édifice du roman.

Que se passe-t-il en fait avec cette réécriture tardivement entreprise?

Se relisant, Proust décide d'apporter à *La Fugitive* un rythme plus marqué, et avec cela un dénouement plus frappant. Ce qui exige davantage de condensation, d'où une énorme coupure à vif sur une quantité considérable de pages de ce cycle: 250 pages. Or, une telle coupure entraîne des déplacements partout dans le roman, dont Proust, à la veille de sa mort, de plus en plus malade, n'a pas le temps de s'occuper. D'où, par la suite, de commun accord entre les éditeurs posthumes, y compris le frère, Robert Proust, la décision d'abandonner le projet, qui refait surface dans les annees 80, paraît-il.

Venons en rapidement aux détails[12].

Juin 1986: découverte, dans les papiers de l'écrivain Claude Mauriac, fils de François Mauriac, parent de Proust par alliance avec une petite fille de Robert Proust, frère de Marcel, d'une dactylographie, avec des corrections de la main de Proust.

Octobre 1987, année d'ailleurs du passage en domaine public de la *Recherche*: publication chez Grasset, par Nathalie Mauriac, fille de Claude Mauriac, arrière petite fille de Robert Proust, normalienne et agrégée en lettres, de cette meme dactylographie, sous le titre *Albertine disparue*.

À noter que la publication du precieux document se fait chez Grasset, où Proust avait commencé, renvoyé par Gallimard, la famille rendant ainsi hommage, sinon son dû, à la vieille maison d'édi-

12. Dont nous nous occupons moins rapidement dans l'article « Catedral em obras » de notre livre du même nom, paru chez Iluminuras, en 1995.

tion. À noter également le titre, *Albertine Disparue*, abandonné, en bénéfice de *La Fugitive*, par les organisateurs de l'Édition Pléiade de 1954.

Avec ce titre qui fait retour, titre dont on ne pouvait pas savoir, jusqu'alors, s'il était vraiment de Proust – ce que la trouvaille a le don supplémentaire de confirmer – c'est toute une modification concernant les conditions de la mort d'Albertine qui se propose par la même occasion. Et avec cela un autre coup de pinceau à la Balzac. Le meilleur d'entre tous. Susceptible cette fois-ci de rendre le roman plus romanesque, comme Proust promet de l'être d'ailleurs, dans sa correspondence de l'époque avec Gallimard, bien retenue par Nathalie Mauriac, le moment même où il coupe, accelère, se retourne sur sa création.

De quel détail s'agit-il? D'un petit changement, mais de poids, dans les circonstances de la mort d'Albertine, survenue en Touraine, chez elle, dans l'ancienne version de *La Fugitive*, mais à Montjouvain, aux bords du Vivonne, du côté de Méséglise, cadre des amours lesbiennes des demoiselles Léa et Vinteuil, dans cette dernière version.

« Mon pauvre ami, notre petite Albertine n'est plus, pardonnez-moi de vous dire cette chose affreuse, vous qui l'aimiez tant. Elle a été jetée par son cheval contre un arbre pendant une promenade », lisons-nous dans *La Fugitive*. Contre « Elle a été jetée par son cheval contre un arbre pendant une promenade aux bords du Vivonne »[13]. Il s'agirait là, avec ces quelques mots de la part de la tante endeuillée d'Albertine, qui déplacent les termes de l'épilogue du cycle en question, d'un rédémarrage, d'une réouverture de l'intrigue. Puisque voilà Albertine sur les pas de Léa! Voilà du suspense!

Montjouvain, que cette dernière version met en jeu, pour plus d'effet de référentialité et de péripétie, est le site où le jeune Narrateur, dans une première leçon de sexe donnée par l'autre, assiste, en voyeur, au spectacle inouï des deux demoiselles s'embrassant derrière le cadre de la fenêtre de la maison du pauvre père Vinteuil. C'est un des côtés maudits de la géographie proustienne, en somme.

13. *La Fugitive*, op. cit., vl. III, p. 476. Nathalie Mauriac org. *Albertine disparue*. Paris: Grasset, 1987, p. 111.

Un côté marqué de façon indélébile, vu la perversion des amours qui y tiennent lieu, blessant les parents, par l'équation erótique toute proustienne qui fait égaler le plaisir et le mal.

Offrant un flagrant d'Albertine en terres de Gomorrhe, l'annonce par la tante de la mort à Montjouvain entrouvre, de plus, la possibilité d'une certitude. Non pas du vrai penchant sexuel d'Albertine, qui reste obscur, mais de sa trahison. Certitude de l'incertitude, mettons. C'est, en un sens, la fin splendide de Felicité, façon Proust!

Proust l'a-t-il bien voulue cette fin si attestée par l'éditrice d'*Albertine disparue*? Nous ne le saurons peut-être jamais à coup sûr.

En 1993, l'érudit italien Giovanni Macchia, spécialiste proustien, apportait une interprétation complètement différente[14]. Le manuscrit ne serait plus qu'une espèce de resumé de *La Fugitive* pour une revue, *Œuvres Libres*, dans laquelle l'écrivain avait déjà publié deux autres adaptations de son roman monumental, en vue de le faire connaître. C'est la mort qui l'a empêché de faire suivre ce troisième extrait, le même retrouvé en 1986.

L'hypothése italienne ne comptabilise pourtant pas – Nathalie Mauriac avait raison de le signaler dans *Le Monde*, où paraît un compte-rendu du livre de Macchia[15] – le caractère troublant de cette réecriture, ou l'indéniable remise en marche du texte, quelque soit le véritable enjeu du manuscrit retrouvé. Il n'y a pas de concept de texte achevé chez Proust.

Nous restons donc fixés plus que jamais sur l'effet Balzac.

O Casamento na *Comédia humana*

Heloisa B. A. Costa[*]

A análise e a interpretação de uma obra de *A comédia humana* é um desafio e um prazer, na medida em que muitos estudos sérios e importantes já foram e continuam sendo realizados por professores e pesquisadores sobre o conjunto dos romances. Além disso, este trabalho proporciona ao leitor descobertas sobre esse universo imenso repleto de hábitos, valores sociais e religiosos que traduzem o olhar do autor-observador em relação à sociedade.

No prefácio de *A comédia humana*, Balzac explicita sua visão de mundo e o seu objetivo ao escrever essa obra:

> *A sociedade francesa iria ser o historiador e eu apenas seu secretário. Fazendo um inventário dos vícios e das virtudes, reunindo os principais fatos das paixões, descrevendo os caracteres homogêneos, talvez eu conseguisse escrever a história dos costumes*[1].

---

* Professora na Aliança Francesa de São Paulo e Coordenadora do Curso de Letras – Francês, da Pontifícia Universidade Católica de São Paulo.

1. H. de Balzac. Avant-propos in *La Comédie humaine – Etudes des mœurs: Scène de la vie privée*, Paris: 1935, v. 1, p. 7.

O tema da minha pesquisa é o casamento em *A comédia humana*, uma das temáticas principais dessa obra na qual os contratos de casamento, o papel dos representantes legais e as representações sociais de cada personagem estão no centro dessa sociedade em transformação.

Abordarei a seguir três aspectos.

Inicialmente, o tema do casamento em *A comédia humana* e em seguida alguns elementos de análise e interpretação da obra *O contrato de casamento*. Para finalizar, levantarei pontos de comparação entre a obra *Senhora*, de José de Alencar, romance da literatura brasileira que trata da mesma temática e possibilita a análise comparativa a partir do estudo dos personagens e da definição propriamente dita do contrato de casamento.

Em *A comédia humana*, o casamento como instituição testemunha as mudanças que marcam a vida e o contexto social em transformação. É a sociedade do século XIX que confronta os valores burgueses e aqueles representados pela aristocracia decadente. O poder do dinheiro é decisivo na definição dos contratos de casamento da época, assim como o papel das mulheres e homens submetidos às leis desse período.

Arlette Michel afirma em seu livro *Le mariage chez Honoré de Balzac*:

> *É no casamento que todos os mecanismos da vida individual e social relacionam-se. Ao encontro da natureza, da lei, da política, da religião, o casamento é do âmbito da sociologia, da história e da moral, da poesia e da religião*[2].

No estudo analítico de 1839, *A fisiologia do casamento*, características políticas, sociais e morais são atribuídas ao casamento.

> *O casamento pode ser considerado politicamente, civilmente e moralmente, como uma lei, como um contrato, como uma*

2. A. Michel. *Le Mariage chez Honoré de Balzac*, Paris: Les Belles Lettres, 1978, p. 12-13.

> *instituição. Lei, enquanto reprodução da espécie. Contrato, enquanto transmissão de propriedade. Instituição, enquanto garantia cujas obrigações interessam a todos os homens: possuem um pai, uma mãe e terão filhos. O casamento deve portanto ser objeto do respeito geral*[3].

Trata-se de um método de análise e de observação dos fatos sociais. Questões referentes ao casamento de maneira geral, como o divórcio, o adultério, a virtude das mulheres, assim como aquelas particulares ao casamento burguês, como o dinheiro, as propriedades e o dote são alguns dos elementos presentes no texto.

Em *A comédia humana*, muitos romances abordam o tema desenvolvendo-o de maneira diferente em cada uma das obras. Alguns exemplos podem ser aqui citados:

Em *O lírio do vale*, de 1836, o casamento constitui-se na experiência da resignação, sustentado pelas leis cristãs. A personagem Henriette vive, em pensamento, o adultério sem jamais vivenciá-lo na realidade. Assume a responsabilidade de cuidar de seu marido doente e de seus filhos frágeis, disposta a enfrentar uma vida de sofrimento e resignação.

Em *Memórias de duas jovens casadas*, de 1841, duas mulheres representando dois destinos diferentes são retratadas. Arlette Michel retoma essa particularidade do romance.

> *Quem dialoga aqui? Dois feminismos, duas éticas sociais. Luísa só se casa para exaltar sua dupla paixão pelo romanesco e pela paixão: temos aqui a felicidade ligada ao livre gozo dos prazeres, buscado numa conduta radicalmente associal. Renée cria um lar, chefia com habilidade uma família, levando-a ao sucesso: é o casamento ligado à conveniência, e eis estabelecidos os fundamentos de uma moral burguesa da família*[4].

---

3. H. de Balzac. *Physiologie du mariage*, Paris: Garnier-Flammarion, 1968, p. 84.
4. A. Michel. *Le Mariage chez Honoré de Balzac*, Paris: Les Belles Lettres, 1978, p. 176.

Em *O contrato de casamento*, de 1835, obra estudada nesse trabalho, Balzac relata a definição dos contratos de casamento como uma "grande comédia", na qual interesses sociais e individuais estão em confronto. O dinheiro é o grande motor social dessa transação e instaura-se uma atmosfera artificial que mascara as reais intenções de cada um dos personagens.

A definição do contrato de casamento coloca frente à frente os personagens do romance. De um lado, Paul de Manerville e seu representante legal, Mathias, pertencentes à sociedade tradicional da época, e do outro, Nathalie Evangélista, bem como Solonnet, representantes da burguesia buscando, exclusivamente, a ascensão social através dessa instituição.

Paulo Rónai em seu livro *A vida de Balzac*, diz que Balzac gostava de explicar a seus leitores sua técnica, seus procedimentos, sua maneira de escrever[5].

Em *O contrato de casamento*, esse procedimento é claramente utilizado na introdução do romance.

> *O tema deste estudo não enfoca a transição do jovem ao homem casado, quadro, amplamente composto, ao qual não faltaria o fascínio trazido pela tempestade, no íntimo de nossos sentimentos, às coisas mais vulgares da vida. Os acontecimentos e idéias que ocasionaram o casamento de Paul de Manerville com Nathalie Evangelista constituem uma introdução à obra, cuja função é de retratar a grande comédia que precede a vida conjugal* [...] *é a discussão presente em todos os contratos de casamento de todas as famílias nobres ou burguesas*[6].

Paul de Manerville é introduzido na narrativa a partir de sua origem aristocrática. Seu pai, homem decadente e mesquinho, administra seus bens e propriedades contando com a ajuda e inteligência de Mathias. É no coração da cidade de Bordeaux que essa

5. P. Rónai. *A vida de Balzac*, Rio de Janeiro: Ediouro, p. 99.
6. H. de Balzac. *Le Contrat de mariage*, Paris: Fallimard, 1973, p. 143-4.

família é respeitada e, após a morte do senhor de Manerville, toda a sociedade se encarrega de encontrar uma esposa para o jovem Paul.

> *Seu saber-viver, suas maneiras, sua educação parisiense encantaram o subúrbio de Saint-Germain em Bordeaux*[7].

Ingênuo e elegante, Paul de Manerville é chamado *La fleur des pois*, metáfora relacionada à sua personalidade, ao seu caráter e à sua maneira de viver.

Em uma carta à senhora Hanska, a Estrangeira, Balzac esclarece que pretende descrever nessa obra a ruína de um marido submetido às leis cíveis da época e aos caprichos das mulheres.

> *Descrevi todos os infortúnios das mulheres; é tempo de mostrar também as dores do marido*[8].

Na realidade, o sofrimento do personagem revela-se pelo conflito entre os valores românticos e idealizados de uma mulher submissa aos seus desejos e atenta aos seus segredos e confissões e o combate a ser travado na definição do contrato nesse contexto social. Em diversas passagens do texto, o casamento é visto como uma guerra na qual cada parte deve estabelecer suas forças e a posição que ocuparão no campo de batalha.

O contraste de posições, valores e objetivos está presente ao longo de todo o texto. Paul de Manerville e Henry de Marsay confrontam suas opiniões, Mathias e Solonnet opõem-se em relação à defesa dos interesses econômicos de seus clientes, o ideal de Paul, o casamento por amor é contrário ao projeto de Nathalie que pretende casar-se para ascender socialmente e, devido à vida luxuosa que levará após seu casamento, causará a ruína de seu marido.

O papel dos representantes legais na definição do contrato de casamento entre Paul de Manerville e Nathalie Evangélista é es-

7. Idem, p. 125.
8. M. H. Faillie. *La Femme et le code civil dans* La Comédie humaine *d'Honoré de Balzac*, Paris: Didier, 1968, p. 150.

sencial ao texto, pois retrata a comédia representada por cada um dos personagens.

Uma característica do texto balzaquiano é relacionar a descrição física dos personagens ao papel que desempenharão na narrativa. Assim, Mathias e Solonnet, representando mundos e projetos diferentes, são introduzidos na obra a partir de suas descrições físicas. É um procedimento que revela a personalidade de cada um e o que representam socialmente.

Segundo Georg Lukács,

> *Os personagens extraordinariamente diversos e complexos de Balzac não poderiam se desenvolver de forma dramaticamente convincente se a base existencial de seu caráter não nos tivesse sido descrita de forma tão abrangente*[9].

Se por um lado Mathias é ridículo em sua aparência, sua inteligência e sua alma superaram as formas estranhas de seu corpo. Defende os interesses de seu cliente como se fosse seu segundo pai propondo a instituição do *majorat* para proteger Paul de uma possível ruína.

Solonnet, por outro lado, é o contrário de seu adversário. Sua descrição física corresponde ao perfil desse mundo em transformação. Descontraído e despreocupado, pretende vencer seu adversário nessa batalha chamada contrato de casamento.

Trata-se de dois mundos, duas realidades que se opõem.

A arte de descrever com precisão cada personagem torna-se cada vez mais intensa ao longo de todo o texto. Essa progressão permite a construção de uma imagem semelhante a um mosaico que se forma pouco a pouco. Os personagens integram-se, seja no que apresentam de semelhante, seja nas diferenças.

A narrativa adquire uma complexidade mágica e sedutora. De fato, o leitor fascinado por esse mundo é convidado a estabelecer relações com cada ação que está por vir.

---

9. G. Lukács. "Raconter ou décrire" in *Problèmes du réalisme*, Paris: l'Arche Editeur, 1975, p. 137.

Em *O contrato de casamento*, o final da narrativa é antecipado desde o início. Paul de Manerville casa-se com Nathalie Evangélista e é arruinado por ela. Permanece, no entanto, com seus valores e, mesmo destruído, inicia uma viagem à Índia em busca de uma nova fortuna. Seu amigo Henry de Marsay envia-lhe uma carta desvendando o caráter mesquinho e interesseiro de Nathalie.

Telle est la France, diz de Marsay, referindo-se a essa sociedade em transformação, na qual o casamento por interesse é prioritário em relação aos projetos românticos e idealizados de Paul, que reage passivamente às revelações do amigo.

> *Muita gente enlouqueceria, Paul foi se deitar, dormiu aquele sono profundo que se segue aos imensos desastres e que se apossou de Napoleão depois da batalha de Waterloo*[10].

A comparação com a obra *Senhora* de José de Alencar estabelece um diálogo entre os textos, visto que cada um trata da temática do casamento a partir da definição de contratos e do papel de cada personagem em seus contextos específicos.

O contrato de casamento e *Senhora* discutem o poder do dinheiro e o papel dos representantes legais na definição dos termos da transação ressaltando o dote como elemento particular desse tipo de contrato, assim como itens relacionados à transmissão de propriedades.

Uma outra observação diz respeito ao final de cada um dos romances. Se em *O contrato de casamento* trata-se de uma comédia, ou melhor, de uma tragicomédia, já que a narrativa adquire um caráter realista, em *Senhora* desloca-se em destaque o lado romântico, ou seja, privilegia-se o casamento por amor.

Os dois autores observam a sociedade em movimento.

Se *Telle est la France* em Balzac, *Tel est le Brésil* em Alencar.

A interpretação de um texto constitui-se, segundo o professor Antonio Candido, em seu livro *A formação da literatura brasileira*, no ato de escolha de uma leitura possível, entre muitas, já que o

10. H. de Balzac. *Le Contrat de mariage*, Paris: Gallimard, 1973, p. 271.

texto apresenta uma pluralidade de sentidos virtuais que devem ser analisados.

Penso que é justamente um olhar particular sobre o texto que torna possível uma interpretação original.

E colocar que o sentido de um texto é "plural", evidentemente representa um convite a outros leitores continuarem o trabalho ora iniciado.

LE MARIAGE DANS *LA COMÉDIE HUMAINE*

*Heloisa B. A. Costa**

L'analyse et l'interprétation d'une œuvre de *La Comédie humaine* est à la fois un défi et un plaisir dans la mesure où, d'une part, il y a déjà plusieurs études sérieuses et importantes sur l'ensemble ainsi que celles qui continuent à être menées par des chercheurs et professeurs; d'autre part parce que l'on éprouve un vrai plaisir en se plongeant dans cet univers immense et plein de découvertes. Ce sont des habitudes, des valeurs sociales et religieuses traduisant le regard de l'auteur-observateur face à la société.

C'est dans *L'Avant-propos* de *La Comédie humaine* que Balzac nous explique ce qu'il a l'intention de faire:

> *La société française allait être l'historien, je ne devais être que le secrétaire. En dressant l'inventaire des vices et des vertus, en rassemblant les principaux faits des passions, en peignant les caractères homogènes, peut-être pouvais-je arriver à écrire l'histoire des mœurs*[1].

* Enseignante à l'Alliance Française de São Paulo et Coordinatrice du Cours de Lettres - Français à l'Université Catholique de São Paulo (PUC/SP).

1. H. de Balzac. Avant-propos in *La Comédie humaine – Etudes des mœurs*: *Scènes de la vie privée*, Paris, 1935, v. 1, p. 7.

Le thème de ma recherche est celui du mariage, une des thématiques principales de *La Comédie humaine*: les contrats, le rôle des notaires et les représentations sociales de chaque personnage au centre d'une société en transformation.

J'aborderai ici trois points.

Tout d'abord le thème du mariage dans *La Comédie humaine*, ensuite quelques éléments de l'analyse et de l'interprétation de *Le Contrat de mariage* et finalement quelques aspects comparatifs entre l'œuvre *Senhora*, de José de Alencar, un roman de la littérature brésilienne, et l'œuvre de Balzac. Il s'agit d'une approche thématique étant donné que cette analyse comparative met en évidence l'étude du thème à travers les personnages et la définition du contrat proprement dite.

Dans *La Comédie humaine* le mariage paraît un témoin privilégié des changements qui marquent la vie et le contexte social en transformation. C'est la société du XIXe siècle qui met face à face les valeurs bourgeoises et celles d'une aristocratie décadente. Le pouvoir de l'argent joue un rôle décisif dans la définition des contrats de mariage de l'époque ainsi que celui des femmes et des hommes face aux lois qui le régissent.

Arlette Michel dans son livre *Le Mariage chez Honoré de Balzac* fait l'affirmation suivante:

> *C'est dans le mariage que tous les ressorts de la vie individuelle et sociale sont mis en jeu. A la rencontre de la nature, de la loi et de la politique, de la religion, le mariage relève de la sociologie, de l'histoire et de la morale, de la poésie et de la religion*[2].

Dans *L'Etude analytique* de 1839, *La Physiologie du mariage*, des caractéristiques politiques, sociales et morales lui sont attribuées.

> *Le mariage peut être considéré politiquement, civilement et moralement, comme une loi, comme un contrat, comme une ins-*

2. A. Michel. *Le mariage chez Honoré de Balzac*, Paris, Les Belles Lettres, 1978, p. 12-3.

titution. Loi, c'est la reproduction de l'espèce. Contrat, c'est la transmission des propriétés. Institution, c'est une garantie dont les obligations intéressent tous les hommes; ils ont un père, une mère, ils auront des enfants. Le mariage doit donc être l'objet du respect général[3].

Le projet est celui d'analyser et d'observer méthodiquement les faits sociaux. Des questions concernant le mariage de façon générale comme le divorce, l'adultère, la vertu des femmes ainsi que celles plus particulièrement liées au mariage bourgeois, l'argent, les propriétés, la dot sont des éléments présents dans ce texte.

Dans *La Comédie humaine* plusieurs romans traitent le thème tout en le développant d'une manière différente dans chaque œuvre. On peut en citer quelques unes.

Dans *Le Lys de la vallée*, de 1836, le mariage est l'expérience de la résignation inspirée par les lois chrétiennes. Henriette vit l'adultère dans ses pensées mais jamais dans ses attitudes. C'est à elle qu'incombe la responsabilité de bien soigner son mari malade et ses enfants fragiles. C'est une vie de souffrance, de résignation.

Dans *Mémoires de deux jeunes filles mariées*, de 1841, deux femmes, deux destins différents. Je cite encore une fois Ariette Michel:

> *Qui dialogue donc ici? Deux féminismes, deux éthiques sociales. Louise ne se marie que pour exalter sa double passion du romanesque et de la passion: c'est ici le bonheur lié à la libre jouissance, cherché dans une démarche radicalement a-sociale. Renée fonde un foyer, gouverne avec talent une famille vers la réussite: c'est le mariage lié à l'utilité, et les bases posées d'une morale bourgeoise de la famille*[4].

Dans *Le Contrat de mariage*, de 1835, œuvre objet de mon étude, Balzac met en évidence la grande comédie de la définition du

3. H. de Balzac. *Physiologie du mariage*, Paris, Garnier-Flammarion, 1968, p. 84.
4. A. Michel. *Le Mariage chez Honoré de Balzac*, Paris, Les Belles Lettres, 1978, p. 176.

contrat où des intérêts sociaux et individuels sont en conflit. L'argent est le moteur de cette transaction et l'on voit s'instaurer une atmosphère où la personnalité de chacun est masquée afin de dévoiler ses vraies intentions.

La définition du contrat met face à face les personnages du roman. D'un côté Paul de Manerville et son notaire Mathias, représentants de la noblesse décadente et d'une société traditionnelle, et de l'autre, Nathalie Evangélista, d'origine espagnole, avec son notaire Solonnet, représentants de la bourgeoisie cherchant exclusivement l'ascension sociale par la voie du mariage.

Paulo Rónai dans son livre *A vida de Balzac* souligne un aspect particulier de l'auteur en disant que Balzac aimait expliquer aux lecteurs sa technique, ses procédures, sa manière d'écrire et de créer ses personnages[5].

Dans *Le Contrat de mariage*, à un moment donné le récit est interrompu et l'objectif de l'œuvre est clairement explicité.

> *Le sujet de cette étude n'est pas dans la transition du garçon à l'état d'homme marié, peinture qui, largement composée, ne manquerait point de l'attrait que prête l'orage à l'intérieur de nos sentiments aux choses les plus vulgaires de la vie. Les événements et les idées qui amenèrent le mariage de Paul de Manerville avec Mademoiselle Evangélista sont une introduction à l'œuvre, uniquement destinée à retracer la grande comédie qui précède la vie conjugale* [...] *est la discussion à laquelle donnent lieu tous les contrats de mariage dans toutes les familles nobles ou bourgeoises*[6].

Cette introduction fait donc partie des premières pages du roman. La présentation du personnage Paul de Manerville se fait à partir de son origine aristocratique dont les valeurs s'harmonisent parfaitement avec la société. Son père décadent, *économe*, *avare et ladre* sait gérer ses biens tout en comptant sur l'aide et sur l'intelligence de Mathias, *un honnête clerc de notaire*. Au cœur de Bor-

5. P. Rónai. *A vida de Balzac*, Rio de Janeiro: Ediouro, p. 99.

6. H. de Balzac. *Le Contrat de mariage*, Paris: Gallimard, 1973, p. 143-4.

deaux, cette famille est respectée et après la mort de Monsieur de Manerville toute la société s'occupe à trouver une femme au jeune Paul.

> *Son savoir-vivre, ses manières, son éducation parisienne enchantèrent le faubourg Saint-Germain bordelais*[7].

Naïf, doux, élégant, Paul de Manerville est appelé la *Fleur des pois*, fleur délicate, fleur humaine, métaphore se rapportant à sa personnalité, son caractère, sa façon de vivre.

Dans une lettre à Mme Hanska, l'Etrangère, Balzac dit que son but est de décrire la ruine d'un mari soumis aux lois civiles et aux caprices des femmes.

> *J'ai peint toutes les infortunes des femmes; il est temps de montrer aussi les douleurs du mari*[8].

En réalité la douleur du personnage se traduit par le conflit entre ses valeurs romantiques et idéalisées d'une femme toujours attentive *à qui il pourrait bien confier ses affaires et ses secrets* et la guerre du mariage dans ce contexte social. Dans plusieurs passages du texte le mariage est défini comme un complot, une affaire, une bataille *où il est nécessaire d'établir les forces de chaque parti, la position des corps belligérants et le terrain sur lequel ils devaient manœuvrer.*

Le contraste des visions, des valeurs, des objectifs est marqué dans le texte dès le début. Paul de Manerville et Henri de Marsay discutent sur le mariage; Mathias, défenseur des intérêts de Paul, s'oppose à Solonnet, notaire des Evangélista; l'idéal de Paul, le mariage par amour, s'oppose à celui de Nathalie, l'ascension sociale et une vie luxueuse qui causera la ruine de son mari.

Le rôle des notaires dans la définition du contrat de mariage entre Paul de Manerville et Nathalie Evangélista mérite d'être men-

7. Idem, p. 125.

8. H. M. Faillie. *La Femme et le code civil dans* La Comédie humaine *d'Honoré de Balzac*, Paris: Didier, 1968, p. 150.

tionné puisqu'il s'agit du passage le plus long et qui est essentiel au texte: la comédie jouée par les notaires.

Une caractéristique du texte balzacien est de lier étroitement la description physique du personnage au rôle qu'il aura dans le récit. Ainsi les deux notaires, représentants de mondes et de projets différents, sont introduits dans l'œuvre à partir de leur description physique. Celles-ci révèlent leur personnalité et tout ce qu'ils représentent socialement.

Selon Georg Lukács,

> *Les personnages extraordinairement divers et complexes de Balzac ne pourraient se développer de façon dramatiquement convaincante si la base existentielle de leur caractère ne nous avait pas été exposée dune manière aussi ample*[9].

Si d'une part Mathias, notaire de Paul de Manerville, *était ridicule, bizarre dans son apparence, son esprit avait triomphé de la forme, les qualités de l'âme avaient vaincu les bizarreries du corps*. Il tient à défendre les intérêts de son client comme le ferait un second père. L'institution du majorat, solution proposée par Mathias, vise à éviter la ruine de Paul même si le notaire ne croit pas possible de l'éviter.

D'autre part Solonnet, *l'air léger, notaire qui marche avec son époque, risque des capitaux,* fait partie de cette bataille visant à vaincre son adversaire.

Ce sont deux mondes, deux réalités qui s'opposent.

Cet art de bien décrire, d'introduire les personnages au fur et à mesure que l'action se déroule rend le texte extrêmement riche.

En lisant Balzac, on sent la progression du récit comme une espèce de mosaïque qui se forme peu à peu puisque à chaque apparition d'un personnage, on voit se dessiner son profil et son intégration dans l'ensemble. On le compare aux autres tout en considérant soit les ressemblances soit les différences.

Le récit acquiert une complexité magique, claire et séduisante.

---

9. G. Lukács. Raconter ou décrire in *Problèmes du réalisme*, Paris, l'Arche Editeur, 1975, p. 137.

En fait le lecteur fasciné par tout ce monde est invité à découvrir et à établir des rapports avec ce qui est à venir.

Dans *Le Contrat de mariage* la fin est anticipée tout au long de la lecture. Paul de Manerville se marie avec Nathalie et est ruiné à cause du luxe et de la vie menée par son épouse. Cependant ceci ne le fait pas changer ses valeurs. Ruiné, détruit, il entreprend un voyage en Inde pour refaire sa fortune et sa vie auprès de son amour.

C'est Henri de Marsay qui lui envoie une lettre afin de lui raconter ce qu'il a refusé de voir pendant son mariage avec Nathalie. Le caractère de sa femme est dévoilé et son ami lui propose une solution pour reprendre sa vie.

« *Telle est la France* », dit de Marsay, une société en transformation où le jeu social, le mariage par intérêt selon les valeurs bourgeoises est au-dessus des projets idéalistes et romantiques.

La réaction de Paul révèle ce monde plein de contradictions.

> *Bien des gens seraient devenus fous, Paul alla se coucher, il dormit de ce profond sommeil qui suit les immenses désastres, et qui saisit Napoléon après la bataille de Waterloo*[10].

Un regard vers la littérature brésilienne m'a attirée vers une importante œuvre de José de Alencar, *Senhora.* J'ai établi un dialogue entre les deux textes qui met face à face des projets différents con- cernant le mariage.

Le point de départ de cette comparaison est la définition du contrat de mariage ayant pour intermédiaire des représentants de la société dans les deux romans. Les profils des personnages, leurs projets de vie ont été quelques uns des aspects conduisant à la comparaison.

Le Contrat de mariage et *Senhora* révèlent le pouvoir de l'argent et des propriétés de chaque partie. Les notaires chez Balzac et le tuteur de Aurélia Camargo chez José de Alencar établissent les termes de la transaction tout en rendant la dot partie intégrante du contrat ainsi que les paragraphes assurant la transmission des biens.

10. H. de Balzac. *Le Contrat de mariage*, Paris: Gallimard, 1973, p. 271.

Une autre remarque concerne la fin de chaque roman. Si dans *Le contrat de mariage* il s'agit d'une comédie, ou plutôt d'une tragi-comédie (puisque l'influence des changements sociaux rend le récit très réaliste), *Senhora*, en revanche, met en évidence le côté romantique, l'union du mariage d'amour et celui de l'argent.

On peut dire que l'analyse de ces deux romans est possible du fait que Balzac et Alencar observent la société en mouvement, c'est-à-dire les rapports sociaux qui s'établissent à partir de la définition d'un contrat civil.

Si *Telle est la France* chez Balzac met en relief le côté réaliste, *Tel est le Brésil* chez Alencar fait ressortir le côté romantique.

Pour conclure, je cite Antônio Cândido, Professeur à l'Université de São Paulo qui dans son livre *A formação da literatura brasileira*, affirme qu'interpréter un texte, c'est, en grande partie, utiliser notre capacité de libre arbitre dans la mesure où le texte est une pluralité de sens virtuaux. Il s'agit d'en choisir un parmi plusieurs.

Je pense que c'est justement un regard particulier vers le texte qui rend possible une interprétation originale.

Et poser que le sens d'un texte est « pluriel », c'est évidemment inciter d'autres lecteurs à poursuivre le travail entamé ici.

Balzac, o Estimulante: o Exemplo da Duquesa de Langeais

*Ronan Prigent**

> *... a paixão se exacerba no vazio, aumentada pela inutilidade das tentativas de satisfazê-la*[1].

Entre os estimulantes sobre os quais o cominatório patafísico Balzac chama a atenção dos leitores de seu *Traité des excitants modernes*, de 1839[2] – incluído no conjunto dos *Estudos analíticos* (conjunto bem melancólico, enfim, pois além daquele terá apenas *Fisiologia do casamento*) –, e que estão disponíveis na sua modernidade, vinho, café, chocolate, açúcar, tabaco, ele deixa de referir aquele para o qual, em definitivo, a própria organização retórica (à qual seu ensaio se conforma) arrasta irresistivelmente o leitor: a literatura, e estranhamente essa literatura romanesca que Bertrand Delcour, posfaciador do *Traité*[3], mostra o quanto funciona, "ficciona" como o estimulante costumeiro do escritor Balzac.

Este parece, pois, dar ao leitor a mesma lição que La Fontaine

---

* Professor agregado, Doutor em Literatura, escritor, publica sob o pseudônimo de Emmanuel Tugny.

1. Balzac. *La Duchesse de Langeais*, Paris, Gallimard, col, Folio, 1976, p. 51.
2. Balzac. *Traté des excitants modernes*, Paris, Editions Mille et une nuits, 1997.
3. Ibid., p. 49-55.

faz a raposa dar ao lobo do fundo do poço[4]: esses estimulantes modernos que vos amedrontam ou vos causam admiração nada são para mim, escritor que, como a natureza, faço as luas parecerem queijos, visto que concebo a ficção como um estimulante igual aos outros.

A Natureza me estimula, é certo; é como se eu fosse seu paciente, mas ao menos eu posso, ao contrário de vós, de vez em quando me desforrar, imitando-a!

A edição original de *A duquesa de Langeais* apresentava a esse leitor o fim que se segue, em forma de aforismo do senhor Marsay dirigido a Armando de Montriveau, enlutado por sua falecida duquesa:

"... o amor, bah, é pura tolice, só devemos introduzi-lo em nós como uma droga que... na dose certa, aumenta o prazer...[5]"

E também aquele prazer que se goza por procuração, o do leitor...

Aí está, talvez, no que se refere ao tema, o conteúdo, a *inventio*.

Que romance pode ser mais excitante, portanto, que o romance de amor?

Talvez Balzac o responda quando coloca, em *A comédia humana*, tramas amorosas por toda a parte, em qualquer capítulo do conjunto em que se inserem as narrativas.

No *Traité des excitants modernes* Balzac se opõe – quando se refere ao café que, entre todos, é o único que vê com bons olhos e que deseja, sem dúvida, preservar de suas críticas e servir-se dele bulimicamente como parteiro de excitações mais duradouras – ao uso indiscriminado, pretensamente inspirado, expressionista, amortecido e, numa palavra, filistino da bebida: ele recomenda que se cultive a prática do estimulante, que seus efeitos sejam antecipados por um exercício tranqüilo de sua preparação.

Ele não tem nenhum gosto pela descoberta casual de um prazer que não torne possível uma propedêutica refinada.

"Cabe ao canhestro escrevinhador, seguindo exemplos mais

4. La Fontaine. *Fables*, XI, 6.

5. *La Duchesse de Langeais*, op. cit. p. 23.

célebres, ir repetindo de coração leve que o pobre Balzac escreve singelamente, 'de forma linear'. Mas não, Balzac não escreve de forma singela, nem mal, nem como romancista onisciente, nem de forma linear", afirma Rose Fortassier em seu belo prefácio à *Duquesa de Langeais*.[6]

Aí estão os dados do problema que este pequeno trabalho se propõe a examinar: percebe-se muito bem quando se lê o Balzac analista nas entrelinhas, sente-se de maneira clara quando se lê o Balzac romancista, que o romance é talvez o estimulante-recipiente por excelência e que a intriga amorosa, sentimental, o estimulante-conteúdo por eminência, e adivinha-se que um trabalho de ourivesaria preside à preparação do produto, que uma sutil engrenagem trabalha para exacerbar os seus efeitos.

É essa engrenagem que tentaremos examinar aqui, analisando o exemplo de *A duquesa de Langeais*, primeiro movimento da *História dos Treze*, que por sua vez é a abertura de *Cenas da vida parisiense*, concluído e publicado em 1834 no *L'Echo de la jeune France*, periódico não-legitimista que, a cada fase de sua evolução, expõe, de forma crua talvez mais que qualquer outra obra de *A comédia humana*, essa racionalização, por Balzac, do romanesco como estimulante.

Em poucas palavras, lembraremos aqui, na cronologia em que o próprio Balzac a enquadra, a fábula desse romance curto em quatro capítulos.

"Quando da expedição francesa levada à Espanha para restabelecer a autoridade do rei Ferdinando VII, depois da tomada de Cadiz"[7] – isto é, em abril de 1823, o que o texto não diz, embora nesse caso ele se nutra da História, sem dúvida para fazer esquecer que se nutre também de leituras de seus confrades, principalmente a de *Fragoletta*, romance de 1829, de Henri de Latouche –, o general Armando de Montriveau, que também era cientista e explorador, chega à ilha de Majorca e aí visita a irmã Teresa, reclusa no convento das Carmelitas Descalças.

6. Ibid., p. 22.
7. Ibid., p. 47.

A conversa entre as duas personagens revela uma ligação: Armando pede à religiosa que fuja com ele, ela se recusa e interrompe o encontro.

É nesse ponto que acaba o primeiro capítulo, *A irmã Teresa*, e é aqui que começa o conjunto fortemente coesivo formado pelo segundo e pelo terceiro capítulos, *O amor na freguesia de São Tomás de Aquino* e *A mulher verdadeira*.

Depois de uma grande digressão de Balzac, falando como autor, em que se evidencia a acrimônia do legitimista contra a atuação dos pretensos defensores de sua causa, esses aristocratas do Faubourg Saint-Germain que, renunciando a perseverar nesse ser ético de quem Balzac dá um perfil teórico, esquivam-se à única possibilidade de perseverar em seu ser político e social. E como já havia se anunciado no fim do primeiro capítulo a narração se entrega a uma longa analepse, constituindo um corpo verdadeira da narrativa, que mergulha nas raízes da cena de abertura, desenrolando o fio das vicissitudes da relação inacabada entre Armando de Montriveau e Antonieta de Navarreins, que se tornou, por "convenção" esposa do duque de Langeais. Os dois, no entanto, viviam "inteiramente separados, de coração e de fato, sem o revelarem à sociedade"[8], tendo sido a morte do duque, que se deu antes de 1823, anunciada em notinhas de jornal como uma cláusula liberatória, no último capítulo.

O segundo e o terceiro capítulos são colocados por Balzac em absoluta simetria. No segundo, a duquesa de Langeais se recusa a um Montriveau atormentado pela alternância dos avanços e recuos de sua amante; no terceiro, é a vez de Montriveau fazer de Antonieta sua presa, ameaçando mutilá-la, marcando-a na fronte, e decidido a desaparecer.

No final desse capítulo, um último mal-entendido, o atraso de um quarto de hora de Armando a um encontro marcado pela duquesa – "Montriveau estava em conferência com alguns amigos e apressou-os a dá-la por terminada, mas sua pêndula estava atrasada e só saiu para ir ao palácio Langeais no momento em que, levada

8. Ibid., p. 91.

por um frio furor, a duquesa fugia a pé pelas ruas de Paris."[9] –, motiva a partida de Antonieta para a Espanha, e depois para Majorca.

No quarto capítulo, *Deus faz os desenlaces*, de volta ao primeiro momento da narrativa, Balzac expõe as circunstâncias nas quais Armando tenta organizar, junto com seu amigo de Marsay, a evasão da irmã Teresa, que não haveria de ser senão uma evasão póstuma, uma vez que são apenas seus despojos que os companheiros roubam finalmente ao convento.

É a partir dessa intriga que Balzac trabalha para fazer o estimulante do qual seu cliente só pode experimentar o refinamento; esse refinamento que rivaliza com o que, no começo do terceiro capítulo do romance, preside ao suplício com o qual Montriveau ameaça, numa cena de construção complexa, a duquesa; esse refinamento cuja fatura mais adiante tentaremos explicar, fazendo um levantamento de alguns gestos fundadores.

"Área", "lugar", "espaço", "esfera", "domínio", "mundo à parte", "corpo", "bairro", "feudo", o paradigma das denominações hiperonímicas do espaço, do lugar circunscrito, isto é, separador, assume em *A duquesa de Langeais* um tom francamente indicativo. É sobre a edificação de uma toponímia, de uma cartografia que insiste sobre a existência de domínios que Balzac funda sua diegese*.

A duquesa de Langeais se impõe, no limite, como um relato no seio do qual os lugares, os espaços determinados, discriminados, funcionam como fontes de ação e como atores.

Eles são, essencialmente, de duas ordens: lugares físicos ou lugares mentais, categorias, reinos – uma sociologia a que chamaremos, dado que tudo é relativo, pós-balzaquiana, talvez os qualificasse de "campos"!

Eles constituem fontes de ação na medida em que se apresentam, sendo físico ou mentais, como a origem do processo narrativo apresentado na abertura do relato, como o demonstra, como se

9. Ibid., p. 226.

* *Diegese*: na linguagem da crítica estruturalista, o desenvolvimento narrativo de uma obra. (N. do T.)

verá, essa longa fase de exposição que caracteriza *A duquesa de Langeais*.

Eles funcionam como atores na medida em que continuam, depois de acabada a exposição, a ter nesta um papel decisivo.

Vamos examiná-los, um após outro.

É ao cabo de uma viagem, ou melhor, de um périplo, que Montriveau encontra Antonieta. O encontro dos dois amantes supõe que se penetre um espaço que Balzac sugere ser muito refratário precisamente ao desejo de nele entrar, isto é, a imensidão, alinhando uma após outra, como em camadas sucessivas, as menções à Espanha, à ilha na Espanha, ao convento na ilha, às grades no convento, etc.

Essa intermissão do espaço mais denso, mais hostil, entre os dois objetos lançados um ao outro prossegue na abertura do capítulo seguinte, no momento em que os dois amantes se vêem, finalmente, em presença um do outro.

Montriveau é o homem dos desertos, Antonieta produto do Faubourg Saint-Germain: é um espaço físico importante que se dissolveu, boa moça, do deserto a Paris, e da solidão da casa ao Faubourg Saint-Germain, para lhes dar a latitude que permite o encontro: "Depois, contrariamente aos seus hábitos, que de repente se modificaram, passou a freqüentar a sociedade[10]..."

No último capítulo, tendo reunido aquele "comando" ao qual adere de Marsay, o mesmo que aparece, por exemplo, em *Esplendores e misérias das cortesãs* e em *Úrsula Mirouët*, Montriveau trabalha novamente para a dissolução desse mesmo espaço que ele havia percorrido no primeiro capítulo.

Nesse meio tempo, a reclusão de Armando em sua casa, que parece afigurar-se a Antonieta o símbolo de um inacessível espaço fechado, cede à primeira invectiva, que é a carta da duquesa intimando Montriveau a ser pontual: também aqui, os amantes se encontram de certa maneira numa situação em que o lugar, de forma ostensiva, consente em não mais constituir um obstáculo.

O espaço físico é, pois, um elemento pelo qual Balzac põe em

10. Ibid., p. 100.

cena, sucessivamente, o desabafo censor e a rendição cheia de promessas.

Ele o devota à elasticidade mais completa, visto que este termina sempre por não ser nada, por se apagar, diante do arrebatamento dos amantes.

Bem entendido, essa elasticidade do espaço que Balzac insinua entre os corpos, em sua fase ascendente, isto é, no início de cada movimento, viagem de Montriveau, separação dos amantes em Paris, é, por si mesma, um extraordinário instrumento de excitação.

O tampão do espaço físico com o qual Balzac preenche o interstício da relação amorosa produz, inegavelmente, um retardamento: o encontro não é dado como certo, e o leitor é convidado a acompanhar a tensão que leva a ele.

Mas que é, precisamente, da excitação de um leitor satisfeito, saciado por esta condescendência – do oponente anunciado – em romper a tensão?

Porque, como vimos, essa tensão logo cai.

Há uma outra coisa.

No meio do segundo capítulo de *A duquesa de Langeais*, Balzac retomando um outro texto seu de 1832, *Uma paixão no deserto*[11], incluído em *Cenas da vida militar*, que ele lembra de forma divertida algumas páginas adiante, evocando os olhos de pantera de Montriveau[12], coloca na boca de um narrador anônimo o relato de uma das explorações desse homem no deserto, que se acha, de forma notória, perdido no meio da alta sociedade[13].

É o relato de uma longa marcha pelo deserto, à procura de um lugar que queria explorar.

Montriveau, surpreendido pela exaustão, torna-se presa de seu guia que, repetidas vezes, mente-lhe sobre a distância que ainda falta percorrer, para que ele tenha forças para continuar a andar.

11. Balzac. *Une Passion dans le désert*, Paris: Editions Mille et une nuits, 1995.
12. *La Duchesse de Langeais*, op. cit., p. 114.
13. Ibid., p. 101-4.

Ao fim da viagem, irritado – talvez fosse melhor dizer excitado – com as sucessivas decepções, Armando caiu aos pés de seu guia ("gigante de inteligência e de coragem")[14] e da paisagem que a ele se oferece.

Além do fato de que isso poderia constituir uma excelente parábola do escritor-estimulante, além do fato de que parece muito conveniente instaurá-la, motivo dentro do motivo, no coração da narrativa, superpondo o rosto do guia prorrogando sem cessar uma conclusão desde logo suscetível de ser plenamente experimentada e de um Balzac virgiliano "passeando" seu leitor, esta narrativa dentro de uma narrativa, de forma mais parcial, nos convoca à observação da relação entre Balzac-o-estimulante e o espaço.

Com efeito, como no resto do romance, Balzac usa a ductibilidade do espaço para adiar o máximo possível a libertação do objeto que está sendo buscado tanto pelo leitor quanto pelo personagem: no momento em que o espaço parece abdicar, exatamente nesse momento ele se reconstitui, exasperando o desejo dos sujeitos, leitores e personagens, envolvidos na tensão que ele contraria.

Como o deserto que toma e depõe as ramas, que vai e vem, sucessivamente tudo e nada, o espaço organizado por Balzac em *A duquesa de Langeais* é um fluxo e um refluxo, mas ele realiza ainda mais que o deserto as esperanças do estimulante, em razão de sua cisão, anunciada anteriormente, em dois avatares, em duas hipóstases do espaço, o espaço físico e o espaço mental.

Que um espaço físico, que uma distância seja abolida pela narrativa – e logo é um espaço mental, uma oposição de "esferas", de "domínios", de "áreas", de "mundos à parte", de "reinos", que ocupa seu lugar, encarregando-se de desunir a partir de dentro, ou do mais infinito dos espaços externos, os corpos que finalmente chegaram a uma suspensão, no sentido próprio, que vale metonimicamente presença da duquesa – não dá, de resto, um molho ao primeiro encontro de Armando e Antonieta, na ordem cronológica escolhida por Balzac, encontro que ele ornamenta e torna possível, como signo ou como imagem?

---

14. Ibid., p. 104.

A viagem, em *A duquesa de Langeais*, leva inegavelmente o viajante a concluir que entre ele e o seu destino existe, visto de qualquer distância, um espaço que garante ao infinito a prorrogação do verdadeiro encontro. Talvez mesmo a imensidão, a densidade do trajeto sugeridos por Balzac sejam concebidos apenas para persuadir o leitor de que a mais longa, a mais exaustiva das viagens não garante senão a perspectiva de uma eterna viagem: espaço zero, em uma palavra, ainda é, em *A duquesa de Langeais*, um espaço, e o principal e tutelar, o que separa o homem do deserto da rainha do baile, o aventureiro tempestuoso da pálida descalça, o apaixonado para quem o sim é sim, da mulher de sociedade para quem o não é sim, a enamorada do recluso, o amante da duquesa e a senhora do Ser, aquele que continua sendo um corpo daquela que, para retomar a bela fórmula conclusiva de Montriveau, não será mais "que um poema"[15], depois de ter sido reduzida a uma alma – "Enfim, dessa mulher restava a alma"[16].

O leitor, por sua vez, se terá excitado durante a viagem, e excitado por muito tempo, visto que o espaço é considerável, e Balzac, o estimulante, garante a permanência desta excitação, garantindo a do espaço intersticial, intercalar: *A duquesa de Langeais* é incontestavelmente um romance cuja problemática – e é nisto, em primeiro lugar, que ela parece excitar – repousa sobre a convicção da frangibilidade do real, sobre sua composição em "mundos" que só se comunicam na frustração, mesmo quando os lugares e os corpos, materialmente, se fundem.

Assim, a cena que reúne os dois amantes numa alcova no fim do segundo capítulo evidencia a exigência dessa frangibilidade: "Quando os dois amantes ficaram sós, a senhora de Langeais ficou deitada em seu divã, calada, imóvel, *como se Montriveau não estivesse ali*"[17].

Não existe na sociedade um mundo, mas mundos, que se desejam, à distância, que eles cultivam, contudo, para se desejar. Não

15. Ibid., p. 241.

16. Ibid., p. 66.

17. Ibid., p. 139.

existe excitação, talvez, sem que entre em cena a ausência do outro.

Não é isso afinal o que sugere a longa dissertação sobre o Faubourg Saint-Germain do segundo capítulo?

Talvez a aristocracia só excite Balzac no Aventino*, talvez seu romance excite só porque lhe repugna representar a unidade, só porque mantém os reinos e talvez sobretudo, nas entrelinhas, o seu, o do fabulista, que faz com que se tome não mais um queijo pela lua, mas mulheres caprichosas por "poemas".

"A alma tem o poder desconhecido de expandir e de contrair o espaço"[18], escreve o estimulante no segundo capítulo de *A duquesa de Langeais* – na ocasião, aliás, ele confunde esse espaço e esse tempo, tão interligados nesse romance em que o tempo se subordina às resistências do espaço, visto que é *o tempo*, e não o espaço, que Montriveau não vê escoar-se na antecâmara da senhora de Langeais – ao descrever um momento de "embaraço" do homem-pantera, tratado com frieza por sua amada.

É justamente essa função da alma que o fabricante do estimulante-romance faz funcionar ao máximo no *métier*: Balzac expande e contrai o espaço; faz, alternativamente, esperar e desesperar dele, faz de seu leitor o Tântalo e o tolo, o devasso e o excitado, o Montriveau aqui, o Nucingen lá, de uma realidade com cara de verdadeira falsa amiga.

Que é, de resto – para além do primeiro sentido vingativo, doutoral, que faz de Armando o censor de Antonieta, querendo mutilá-la, "marcá-la", para impedi-la de prejudicar os outros –, essa cena da sala de tortura[19], cujo *décor* evoca, inevitavelmente, "medieval" e "espanhol", novelas e *fabliaux*, e a mesma crueldade, por exemplo, do *Roman du châtelain de Coucy et de la Dame de Fayel*, de que Barbey haverá de lembrar ao escrever *La Vengeance d'une femme*[20], acreditando reescrever *La Châtelaine du Vergy* – que é,

---

* *Aventino*: colina de Roma, para onde se retirou a plebe ao rebelar-se contra os patrícios (493 a.C.). (N. do T.)

18. Ibid., p. 138-9.

19. Ibid., p. 170-86.

20. Barbey d'Aurevilly. *Les Diaboliques*, Paris, Le Livre de poche, 1985, p. 311-59.

pois, essa cena senão o testemunho da vontade do excitado Montriveau de abolir de um só golpe a estanquidade dos reinos fazendo surgir, a fórceps, sua fusão?

O sonho de Montriveau, que mais uma vez se frustra, para a maior excitação do leitor, mais uma vez curvando-se ao adiamento, exprime-se, aliás, em termos claros, nessa cena de súbito incendiada: "... um minuto, um só me bastará para atingi-la em todos os momentos de sua vida..."[21]: de acordo, se o discurso moral, pretende vingar e evitar o suave potencial dessa coquete, que será substituída pelas senhoras d'Espard e Bargeton, por exemplo, a intenção, muito amorosa, pretende atacar o espaço-estimulante. Aqui não se trata tanto, talvez, de "vingar" uma ofensa, mas antes de "comer", "queimar" ... uma distância.

"Esta última frase foi pronunciada num tom cheio de altivez e de orgulho que fez do amante noviço uma bala lançada ao fundo de um abismo e da duquesa um anjo a voar para o seu céu particular..."[22]

Trata-se, talvez, não tanto de eliminar uma fronte, mas antes de "afrontar..."

Trata-se, talvez, não tanto de investir contra uma pele, mas antes contra esse espaço virtual que afasta e que se decide, quer se trate de Montriveau ou Balzac, conservar finalmente intacto. "... ele gostava, assim, de vê-la levantar obstáculos"[23], diz o segundo do primeiro, evocando sua relação com a Antonieta afetada do segundo capítulo. Nos mesmos termos, ele poderia evocar, à Pirandello, as relações do personagem com seu autor.

Odiosa pele, realmente, que só é desejada em sua odiosa fuga!

"A solidão havia aumentado o amor naquele coração, assim como o amor crescera no seu, em vista das barreiras sucessivamente transpostas por essa mulher entre ela e ele."[24]

Elasticidade, frangibilidade do espaço afixado, por que não

21. *La Duchesse de Langeais*, op. cit., p. 174.

22. Ibid., p. 116.

23. Ibid., p. 144.

24. Ibid., p. 56-7.

acrescentar, sobre esse "piano" onde se cozinham essas demoras, uma estratégia de retardamento da narrativa?

Permitam-me recorrer, para expor essa estratégia, a um conceito teatral, o da exposição, que Jacques Scherer, em sua *Dramaturgie classique en France*, assim define:

"EXPOSIÇÃO: parte da peça teatral que apresenta todos os fatos necessários à compreensão da situação inicial"[25].

Lembremos aqui que Balzac apresenta, com *A solteirona*, o primeiro romance-folhetim, em 1836, no jornal *La Presse*, de Émile de Girardin.

Essa definição, essa constatação histórica, aparentemente heteróclitas, se unem quando se deseja, para a análise das condições de uma excitação do leitor em *A duquesa de Langeais*, estudar as características narrativas desse romance.

Com efeito, se não soubéssemos que também Balzac estava em condições, a exemplo de outros grandes folhetinistas de seu tempo, de manter, de forma sutil, a suspensão recorrendo a uma dosagem da informação, pelo cultivo de uma timidez em matéria de divulgação, a maneira pela qual, em *A duquesa de Langeais*, ele lida com a necessidade de exposição nos convenceria de que Émile de Girardin não se enganou quando se serviu dele para arcar com o ônus de uma idéia nova diante da posteridade. Mais uma vez, que se julgue pelos fatos:

A inteligibilidade da situação inicial de *A duquesa*, situada em 1823, em Majorca ou, para ser preciso "numa cidade espanhola situada numa ilha do Mediterrâneo"[26], isto é, a inteligibilidade do encontro de Montriveau e de Antonieta no convento das Carmelitas Descalças, a compreensão da natureza de sua relação, das razões pelas quais eles voltaram a se encontrar depois do que é descrito como uma longa procura – "... ela até então havia escapado a suas buscas obstinadas..."[27] – só se torna possível pela leitura de uma analepse que, é fácil observar, constitui praticamente todo o ro-

25. Jacques Scherer. *La Dramaturgie classique en France*, Paris: Nizet, 1986, p. 437.

26. *La Duchesse de Langeais*, op. cit., p. 43.

27. Ibid., p. 50.

mance, que a partir daí não tem como núcleo senão o longo percurso de elucidação da situação inicial, que é completada apenas pelo breve apêndice do quarto capítulo.

Em uma palavra, *A duquesa de Langeais* se apresenta de certo modo como a exposição de *A duquesa de Langeais*.

Depois de ter levado Montriveau numa galera e antes de levá-lo de barco, Balzac utiliza os dois terços de seu romance para levar de barco o leitor que só está em condições de compreender o que ele lhe revela de uma só vez no momento em que chega ao porto, no momento em que o romance chega aos seus confins.

Bem entendido, esta sofisticação narrativa, esta reificação do tempo a serviço de estratégias autorais, essa inflexão operatória da cronologia é parte importante dos processos de fabricação do romance-estimulante.

A exemplo dos romancistas populares e de seus precursores, de quem Sterne zomba em *A vida* e *Opiniões de Tristam Shandy*, e Diderot em seu *Jacques* – e bem antes deles, Scarron os escarnecia em seu *Romance cômico* –, Balzac deixa o leitor "de molho", assim como o faz com seu romance-café. O leitor fica intrigado, fisgado por um desenvolvimento abortado que só poderá inscrever em seu justo sistema de casualidades depois de receber, uma a uma, como se verá, e não sem pausas, para as ir incorporando, as "informações necessárias ao entendimento da situação inicial".

E ainda o longo caminho que Balzac impõe ao leitor tampouco é falta de tropeços.

Já nas primeiras linhas do romance, ele coloca nesse caminho uma longa dissertação documental sobre Majorca.

Já nas primeiras linhas do segundo capítulo, nas quais o leitor tem toda a razão de esperar que ele esclareça as motivações das cenas descritas no capítulo introdutório – "Eis, agora, a aventura que determinou a situação em que se encontravam os dois personagens desta cena"[28] –, Balzac adia e excita impondo a leitura de um ensaio digressivo sobre os deveres da aristocracia moderna. Esse ensaio estende-se por umas vinte páginas.

28. Ibid., p. 70.

No terceiro capítulo, ele se entrega a algumas reflexões, para os devidos fins, sobre o amor-paixão, no próprio momento em que acaba esta frase, ousadamente aperitiva, pois que dá um golpe teatral, sugerindo saborosas evoluções: "Ela [a duquesa] não amava ainda; estava apaixonada"[29].

Temos então o seguinte: "Ela ainda não amava, ela estava apaixonada. O amor e a paixão são dois diferentes estados d'alma que os poetas e a gente mundana, os filósofos e os tolos confundem continuamente"[30].

Se "pensar cansa"[31], Balzac com certeza não se furta a isso quando se trata de espicaçar seu leitor, de levá-lo ao próprio estado de Montriveau no deserto que, tendo visto inúmeras vezes o oásis desaparecer, pode desfrutar, ao fim e ao cabo, de sua aparição inesperada.

"O *eu* o matava"[32], escreve Balzac de Montriveau. Em todo caso, isso não impede Balzac – por exemplo, no momento em que, no segundo capítulo, seu personagem se deixa cativar pelos encantos da duquesa – de dissertar, citando Chamfort, sobre os méritos do sentimento da superioridade do ser amado[33].

Tampouco o impede, quando ele se disfarça de Ronquerolles, de sua irmã, a senhora De Sérizy, de princesa de Blamont-Chauvry, desse "Talleyrand de saias"[34], para interromper a ação com essas mesmas lições de galanteria, na melhor das hipóteses, e, na pior, de conduta mundana, de que se beneficiou Meilcour de Crébillon[35], e de que se beneficiaram com resultados diversos, Lucien de Rubempré e Rastignac.

Como se vê, dois coelhos de uma cajadada: Balzac, como seu modelo confesso Walter Scott – e aqui remetemos o leitor ao prefácio de *A comédia humana* – excita, integra-se à legião dos "criado-

29. Ibid., p. 188.
30. Ibid.
31. Ibid., p. 203.
32. Ibid., p. 148.
33. Ibid., p. 108-9.
34. Ibid., p. 200.
35. Ver Crébillon Filho, *Les Egarements du cœur et de l'esprit.*

res de suspense" cujo folhetim saberá fazer frutificar a *ars* e, ao mesmo tempo, desenvolve a lição.

Instruir excitando, excitar instruindo e, sempre, sem dúvida, *excitar-se*.

Mas o retardamento não está apenas no adiamento imposto ao leitor cativo, não está apenas na lentidão da revelação.

Ele está também, bem entendido, nessa tendência do texto a evoluir em fuga, a fazer variações sobre um tema batido, em uma palavra, a repetir, ao infinito, visto que o encontro frustrado se tornou de certa forma permanente pela conclusão da obra, uma mesma situação – embora jogando com a diversidade das nuances de intensidade, embora jogando com a simetria – que faz finalmente, de cada personagem, sucessivamente, o ator desempenhando o papel do outro, seguindo um esquema que não está longe de lembrar, a se tomar uma distância repreensível, os Smith e os Martin do Assimil de Ionesco[36].

A duquesa de Langeais é um romance que leva muito tempo para dar as informações, é também um romance em que se joga com a impossibilidade de resolver uma situação, um romance substancialmente repetitivo, que joga com as sutilezas de evoluções graduais, mas incapazes de dissimular a invariabilidade do fundo.

Ele leva lentamente à histeria – não é esta, aliás, a palavra exata para designar essa relação de Antonieta e de Armando, na qual cada um parece fruir o outro por contumácia? – a forma de uma relação que não varia, e esta exasperação, e esta excitação é a mesma do leitor que acompanha seu curso para finalmente compreender, talvez, no fim do fim, se se quer realmente parar de "discorrer", a abertura da narrativa.

O tempo da fábula de *A duquesa de Langeais*, no fundo, é um tempo parado, é um tempo atrasado em relação àquele, descortinado pelo leitor, mas jamais alcançado, da conclusão amorosa; ele é a imagem exata do relógio de Montriveau – que aliás, como Chabert[37], "atrasa" um pouco – e, com isso, excita.

---

36. Ver Ionesco, *A cantora careca*.

37. Ver Balzac, *O Coronel Chabert*.

Quanto ao tempo da narração, é o tempo reconstruído que, num mesmo movimento, faz salivar o leitor, o mata-borrão e o demiurgo.

Tempo trabalhado da narração, tempo parado do narrado, sempre retardamento, mas não, ainda, todo o retardamento contido em *A duquesa de Langeais*.

Há muitos romances em *A duquesa de Langeais*, e outras coisas que não romances: romance de aventuras, romance picaresco, quase, romance de costumes, romance de amor, ensaio filosófico, ensaio histórico, ensaio sociológico; cada um desses romances, cada um desses ensaios é uma tentativa, um gesto que se pode muito facilmente circunscrever no seio do conjunto, que aí se separa dos outros, assim como todos os espaços, no romance, se separam de seus vizinhos; cada um desses romances, cada um desses ensaios é uma tentativa, um gesto, no fundo, inacabados.

A duquesa de Langeais é certamente um tanto mal dimensionado, um romance sem dúvida muito breve para que nele se realizem todos os projetos, distintos, que se anunciam.

Nele Balzac multiplica os desencontros: os que ele coloca e que se referem a seus personagens, aqueles aos quais ele submete seus leitores, ávidos, sem dúvida, de conhecer os desdobramentos que esses fragmentos de análises e de romances anunciam: *volens nolens*, o romancista frustra, ele engoda: ele excita e se excita, delimitando o livro por vir.

De resto, quem sabe, talvez sintomaticamente, não se sucumba, no fim do percurso[38], sob uma tal manifestação de dor, àquela demonstração patética de Montriveau recolhendo os despojos de Antonieta.

Montriveau está espantosamente impassível, talvez porque ele, como seu autor, saiba que *A duquesa de Langeais* é apenas um germe de alguma coisa na qual voltará a aparecer a duquesa de Langeais, à qual Deus pode muito bem dar um fim, como ele "faz os desenlaces"[39] no mundo real, sem que Balzac, de sua parte, renuncie a lhe dar uma nova reencarnação, visto que de qualquer forma,

38. *La Duchesse de Langeais*, p. 239 e seguintes.

39. Ibid., p. 231.

no terreno da ficção, é ele, e só ele, quem faz os desenlaces, e que Antonieta, no final da obra – é Montriveau quem o diz a Ronquerolles – já não é senão "poema"!

E de resto, *A duquesa de Langeais* na verdade não comporta um desenlace: os dois amantes prosseguem, se assim posso dizer, sua perseguição...

Antonieta é, nas palavras de Ronquerolles, "um livro lido em nossa infância"[40].

Esses mesmos livros nos quais o fim das fábulas é sempre adiado por aquele que escreve e por aquele que lê?

Aqueles que tanto nos agrada procurar sempre, que se teme nunca encontrar, e se desespera de encontrar um dia?

Mais uma vez, de acordo: Deus faz os desenlaces, Balzac os desfaz.

A morte que ceifa Antonieta não marca o fim da excitação.

"Quando a França envia seus quinhentos mil homens aos Pirineus, não pode dispor deles no Reno.

O mesmo acontece com o homem"[41].

Eis aqui "a imagem axiomática"[42] que Balzac usa à guisa de peroração para seu *Traité des excitants modernes*.

Nessa obra ele chama a atenção para o perigo do abuso dos excitantes, o risco de exclusividade letal, esterilizantes, que poderiam advir das diversas fontes de prazer postas à disposição de seus contemporâneos pela condescendente modernidade.

Fazendo isso, naturalmente, ele diz algumas coisas sobre sua obra.

Os estimulantes tornam cativo, cativam. Ora, que romancista não sonha cativar, para um ou outro fim?

Os estimulantes são perigosos. Ora, que romancista que cativa tanto quanto os estimulantes modernos, poderia ser acusado de atentar contra a saúde física de seus leitores?

---

40. Ibid., p. 240.

41. *Traité des excitants modernes*, op. cit., p. 48.

42. Ibid.

Os estimulantes fecham as portas ao mundo. Ora, que romancista, que cativa tanto quanto os estimulantes modernos, embora totalmente inócuo, não garante, ao contrário, uma abertura ao mundo? Essa abertura é garantida pela excitação romanesca, que torna atentos aos fatos relatados – a excitação ligada ao sentimento de uma distância entre o sujeito e o objeto "valoriza o objeto desejado"[43], escreve Balzac –, que torna atentos ao seu alcance simbólico e que, dependendo da circunstância, longe de esterilizar, dá origem a uma idéia das coisas, quem sabe até a uma ação, ainda que pontual e fadada ao fracasso, em seu curso.

O romance é talvez o estimulante que, enviando aos Pirineus, faz ver o Reno.

É preciso excitar, é preciso excitar sem expor a perigos para abrir, alargar, desconcentrar o olhar: o excitante sonhado é, de forma indireta, definido, ele se parece tremendamente com o romance segundo Balzac.

E ele se parece tremendamente, em suma, com *A duquesa de Langeais*, romance feito para excitar sem perigo, romance feito para excitar e para que brote da excitação uma consciência da partição do mundo que concede ao desejo, à vontade, à luta, à espera, à esperança, o que recusa à paz.

A duquesa de Langeais, em sua palavra, é talvez o romance cujo único significado é convidar seu leitor a escolher entre a excitação e a realização, entre o desejo do objeto e o objeto do desejo, entre a conclusão dos contos e aquela que, ao fim e ao cabo, liga para sempre à busca amorosa Armando e Antonieta, "o último amor de uma mulher"[44] e o "primeiro amor de um homem"[45], de quem Balzac, o estimulante, escreve: "Armando e a senhora de Langeais pareciam com aquela faquires da Índia que são recompensados de sua castidade pelas tentações que ela lhes propicia"[46].

---

43. *La Duchesse de Langeais*, op. cit., p. 111.

44. Ibid., p. 241.

45. Ibid.

46. Ibid., p. 133.

Balzac l'excitant: l'exemple de *La Duchesse de Langeais*

*Ronan Prigent**

... la passion s'était irritée dans le vide, et agrandie par l'inutilité des tentatives faites pour la satisfaire[1].

Parmi ces excitants dont le comminatoire pataphysicien Balzac signale à l'attention des lecteurs de son *Traité des excitants modernes* de 1839[2] inclus dans l'ensemble des *Études analytiques* (ensemble assez chagrin, pour finir, puisqu'il ne contiendra de surcroît que *La Physiologie du mariage*), qu'ils sont à la disposition de sa modernité, vin, café, chocolat, sucre, tabac, il omet de signaler celui auquel, en définitive, l'organisation rhétorique même à laquelle s'assujettit son essai conduit incoerciblement le lecteur, la Littérature, et singulièrement cette Littérature romanesque dont Bertrand Delcour, postfacier du Traité[3], souligne

* Professeur agrégé, Docteur en Littérature, romancier, publie sous le pseudonyme d'Emmanuel Tugny.

1. Balzac. *La Duchesse de Langeais*, Paris: Gallimard, col. Folio, 1976, p. 51.
2. Balzac. *Traité des excitants modernes*, Paris: Éditions Mille et une nuits, 1997.
3. Ibid., p. 49-55.

à quel point elle fonctionne, elle « fictionne » comme l'excitant usuel de l'écrivain Balzac.

Celui-ci paraît donc, à y regarder de près, donner au lecteur cette leçon même que la Fontaine fait donner au loup par le renard du fond du puits[4]: ces excitants modernes qui vous disposent à l'alarme ou à l'admiration ne me sont rien, à moi, écrivain, qui comme la nature, fais prendre des lunes pour des fromages, si je conçois la fiction comme un excitant à l'égal des autres.

La Nature m'excite, certes, j'en suis comme chacun le patient, mais, à tout le moins puis-je, contrairement à vous, prendre ma revanche, à mes heures, en singeant la Nature!

L'édition originale de *La Duchesse de Langeais* présentait à ce lecteur la fin suivante, en forme d'apophtegme de monsieur de Marsay adressé à Armand de Montriveau, en deuil de sa duchesse en-allée:

«... de l'amour, fi, c'est de la niaiserie, il ne faut l'introduire en nous que comme une drogue qui... à certaine dose, augmente le plaisir... »[5]

Celui, aussi, que l'on prend par procuration, celui du lecteur...

Voilà, peut-être, pour le sujet, la matière, l'*inventio*.

Quel roman plus excitant que celui dont la matière fait en elle-même excitant?

Quel roman plus excitant, partant, que le roman d'amour?

Peut-être Balzac répond-il lorsqu'il place dans *La Comédie humaine* des filières amoureuses partout, à quelque chapitre de l'ensemble que les récits ressortissent.

Dans *Le Traité des excitants modernes*, Balzac s'oppose, lorsqu'il évoque ce café qui, seul contre tous, trouve grâce à ses yeux, qu'il entend sans doute préserver de ses nasardes et mettre boulimiquement à contribution, comme accoucheur d'excitations plus permanentes, aux prises à la diable, prétendûment inspirées, expressionnistes, relâchées et pour tout dire philistines du breuvage: il prescrit que soit cultivée la pratique de l'excitant, que ses effets soient anticipés par un exercice apaisé de sa préparation.

---

4. La Fontaine, *Fables*, XI, 6.

5. *La Duchesse de Langeais*, op. cit. p. 23.

Nui goût, chez lui, pour la découverte hasardeuse d'un plaisir que n'aurait pas rendu probable une propédeutique raffinée.

« Il appartient au moindre grimaud, en suivant de plus célèbres exemples, d'aller répétant d'un cœur léger que le pauvre Balzac écrit naïvement 'd'une manière linéaire'. Eh bien non, Balzac n'écrit ni naïvement, ni mal, ni en jouant au romancier omniscient, ni d'une manière linéaire. », plaide Rose Fortassier dans la belle préface qu'elle consacre à *La Duchesse de Langeais*[6].

Voici mises en place les données du problème sur lequel ce petit exposé se propose de se pencher: l'on sent bien à lire Balzac analyste entre les lignes, l'on éprouve bien à lire Balzac romancier, que le roman est peut-être l'excitant-contenant par excellence et l'intrigue amoureuse, sentimentale, l'excitant-contenu par éminence, et l'on devine qu'une orfévrerie préside à la préparation du produit, qu'une fine machinerie travaille à en exaspérer les effets.

C'est de cette machinerie que l'on tentera de faire état, en considérant, on l'aura pressenti, l'exemple de *La Duchesse de Langeais*, premier mouvement de *L'Histoire des Treize*, lui-même premier moment des *Scènes de la vie parisienne*, achevé et publié en 1834 dans *L'Echo de la jeune France*, organe néo-légitimiste, qui, à chaque étape de son évolution, fait assurément s'exposer à vif, plus peut-être, qu'aucune autre œuvre de *La Comédie humaine*, cette rationalisation par Balzac du romanesque comme excitant.

En quelques mots, l'on rappelle ici, dans la chronologie à laquelle Balzac l'a lui-même soumise, la fable de ce roman court en quatre chapitres.

« Lors de l'expédition française faite en Espagne pour rétablir l'autorité du roi Ferdinand VII, et après la prise de Cadix »[7] – c'est-à-dire en avril 1823, ce que ne dit pas le texte, qui pourtant, en l'occurrence, se nourrit d'Histoire, sans doute pour faire oublier qu'il se nourrit également de lectures confraternelles, celle de *Fragoletta* d'Henri de Latouche, notamment, roman de 1829 –, le Général Armand de Montriveau, par ailleurs scientifique, explorateur, gagne

6. Ibid., p. 22.

7. Ibid., p. 47.

l'île de Majorque et y rend visite à la Sœur Thérèse, recluse dans un couvent de Carmélites Déchaussées.

L'échange des deux personnages atteste une liaison. Armand demande à la religieuse de fuir avec lui, elle s'y refuse et rompt leur entretien.

C'est ici que s'achève le premier chapitre, *La Sœur Thérèse*, c'est ici que débute l'ensemble fortement cohésif que forment les deuxième et troisième chapitres, *L'Amour dans la paroisse de Saint-Thomas d'Aquin* et *La Femme vraie*.

Après une importante digression de Balzac, de retour sur la page, où s'affiche l'acrimonie du légitimiste pour les fonctionnements des porte-étendards putatifs de sa cause, ces aristocrates du faubourg Saint-Germain qui, renonçant à persévérer dans cet être éthique à qui Balzac donne silhouette théorique, s'ôtent de fait toute possibilité de persévérer dans leur être politique et social, et comme annoncé en fin de premier chapitre, la narration s'offre à une longue analepse, constituant un corps véritable du récit, qui plonge dans les racines de la scène d'ouverture, en déroulant le fil des aléas de la relation inaboutie d'Armand de Montriveau et d'Antoinette de Navarreins, devenue par « convention » l'épouse du Duc de Langeais, les deux époux vivant « entièrement séparés, de fait et de cœur, à l'insu du monde »[8], la mort du duc, datée d'avant 1823, étant annoncée en entrefilet comme une clause libératoire au dernier chapitre.

Le deuxième et le troisième chapitre sont placés par Balzac en absolue symétrie: au deuxième chapitre, la Duchesse de Langeais se refuse à un Montriveau mis au supplice par l'alternance des avances et des retraits de sa maîtresse. Au troisième chapitre, c'est au tour de Montriveau de faire d'Antoinette sa proie, après avoir menacé de la mutiler, en la marquant au front, et décidé de se soustraire à sa vue.

Au terme de ce chapitre, un ultime malentendu, le retard d'un quart d'heure d'Armand à un rendez-vous donné par la duchesse – « Montriveau avait une conférence avec quelques amis, il les pressa de finir mais sa pendule retardait, et il ne sortit pour aller à l'hôtel de

8. Ibid., p. 9 1.

Langeais qu'au moment où la duchesse, emportée par une rage froide, fuyait à pied dans les rues de Paris[9] » – est cause du départ d'Antoinette pour l'Espagne, puis pour Majorque.

Au chapitre IV, *Dieu fait les dénouements*, de retour à la première époque du récit, Balzac développe les circonstances dans lesquelles Armand tente d'organiser, en compagnie de son ami de Marsay, l'évasion de la sœur Thérèse, qui ne sera jamais qu'une évasion posthume, puisque ce n'est que sa dépouille que les compagnons soustraient finalement au couvent.

C'est de cette intrigue que Balzac œuvre aux fourneaux à faire l'excitant dont son consommateur ne peut qu'éprouver le raffinement, ce raffinement qui le dispute à celui qui, au début du troisième chapitre du roman, préside au supplice dont Montriveau menace, sur une scène aux festons complexes, la duchesse, ce raffinement dont on essaiera plus bas de porter au jour la fabrique, via le prélèvement de quelques gestes fondateurs.

« Aire », « lieu », « espace », « sphère », « domaine », « monde à part », « corps », « quartier », « fief », le paradigme des dénominations hyperonymiques de l'espace, du lieu circonscrit, c'est-à-dire séparateur, prend dans *La Duchesse de Langeais* un tour assurément indicatif. C'est bien sur l'édification d'une toponymie, d'une cartographie insistant sur l'existence de prés carrés que Balzac fonde sa diégèse.

La Duchesse de Langeais s'impose à l'orée comme un récit au sein duquel les lieux, les espaces déterminés, discriminés, font sources d'action et font actants.

Ils sont de deux ordres, pour l'essentiel: lieux physiques ou lieux mentaux, catégories, règnes – une sociologie que nous nommerons, toute chose étant relative, post-balzacienne, eût peut-être dit «champs »! –.

Ils font sources d'action en cela qu'ils se posent, physiques ou mentaux, comme l'origine du processus narratif présenté à l'ouverture du récit, ce qu'atteste, on le verra, cette longue phase d'exposition qui caractérise *La Duchesse de Langeais*.

9. Ibid., p. 226.

Ils font actants en cela qu'ils continuent, l'exposition achevée, à y jouer un rôle décisif...

Qu'on les observe successivement.

C'est à la suite d'un voyage, mieux d'un périple, que Montriveau retrouve Antoinette au premier chapitre. La réunion des deux amants suppose le franchissement d'un espace dont Balzac suggère le peu de complaisance à se soumettre, précisément, aux désirs de franchissement, c'est-à-dire l'immensité, alignant en gigogne les mentions de l'Espagne, de l'île dans l'Espagne, du couvent dans l'île, de la grille dans le couvent, etc.

Cette intermission de l'espace le plus dense, le plus farouche, entre les deux objets jetés l'un vers l'autre se poursuit à l'entrée du chapitre suivant, au moment du récit rétrospectif de leur première rencontre.

Montriveau est l'homme des déserts, Antoinette le produit du Faubourg Saint-Germain: c'est un espace physique important qui s'est dissous, bonne file, du désert à Paris, et de la solitude de l'hôte vers le Faubourg Saint-Germain, pour leur donner latitude de se trouver: « Puis, contrairement à ses habitudes, qui se modifièrent tout à coup, il alla dans le monde... »[10].

Au dernier chapitre, ayant réuni ce « commando » , auquel se joint de Marsay, celui-là, par exemple, de *Splendeurs et misères des courtisanes* et *d'Ursule Mirouët*, Montriveau œuvre de nouveau à la dissolution de cet espace même qu'il avait parcouru au premier chapitre.

Entre temps, la claustration d'Armand dans son Hôtel, qui semble constituer pour Antoinette la signification d'un inaccessible champ clos, cède au premier coup de boutoir en quoi consiste la lettre de la duchesse mettant en quelque sorte Montriveau en demeure d'être à l'heure: ici encore, les amants se retrouvent en quelque façon devant l'accord ostensible du lieu de ne plus faire obstacle.

L'espace physique est donc un élément dont Balzac met successivement en scène l'épanouissement frondeur et la défaite prometteuse.

---

10. Ibid. p. 100.

Il le voue à l'élasticité la plus totale, puisqu'il finit toujours par n'être rien, par s'effacer, benoît, devant la belle impulsion des amants.

Bien entendu, cette élasticité de l'espace que Balzac insinue entre les corps, dans sa phase ascendante, c'est-à-dire au début de chaque mouvement, voyage de Montriveau, séparation parisienne des deux amants, est en elle même un instrument éminent d'excitation.

Le tampon d'espace physique dont Balzac emplit l'interstice de l'échange amoureux est créateur, indéniablement, de suspension: la réunion ne se donne pas pour acquise, le lecteur est invité à accompagner la tension qui y mène.

Mais qu'en est-il au juste de l'excitation d'un lecteur satisfait, repu, par cette complaisance de l'opposant annoncé à rompre la tension?

Car, on l'a vu, cette tension-là tombe vite.

Il y a autre chose.

Au centre du deuxième chapitre de *La Duchesse de Langeais*, Balzac, faisant écho à un autre de ses textes, en date de 1832, *Une Pension dans le désert*[11], inclus dans les *Scènes de la vie militaire*, qu'il rappelle plaisamment quelques pages plus loin, en évoquant les yeux de panthère de Montriveau[12], place dans la bouche d'un rapporteur anonyme, le récit d'une des explorations de cet homme du désert, très manifestement égaré dans la plénitude du monde[13].

Ce récit est celui d'une longue marche à travers le désert, à la recherche d'un site à explorer.

Montriveau, surpris par l'épuisement, devient la proie de son guide qui, de manière répétitive, lui ment sur la distance à parcourir, de sorte qu'il trouve la force de poursuivre sa route.

Au terme du voyage, irrité, ou devrais-je dire, excité, par les déceptions successives, Armand tombe aux pieds soudains réunis de son guide, « géant d'intelligence et de courage »[14] et du paysage qui s'offre à lui.

---

11. Balzac. *Une Passion dans le désert*, Paris, Editions Mille et une nuits, 1995.
12. *La Duchesse de Langeais*, op. cit., p. 114.
13. Ibid., p. 101-4.
14. Ibid. p. 104.

Outre qu'il pourrait former une excellente parabole de l'écrivain excitant, outre qu'il semble bel et bien la constituer, motif dans le motif, au cœur du récit, superposant le visage du guide prorogeant sans cesse une conclusion dès lors susceptible d'être pleinement goûtée et celui d'un Balzac virgilien « promenant » son lecteur, ce récit dans le récit, plus partiellement, nous convoque à l'observation du rapport de Balzac – l'excitant à l'espace.

En effet, comme dans le reste du roman, Balzac use de la ductilité de l'espace pour différer aussi longtemps que possible la délivrance de l'objet dont le lecteur et le personnage sont concurremment en quête: au moment où l'espace semble abdiquer, à ce moment précis il se régénère, exaspérant le désir des sujets, lecteurs ou personnages, impliqués dans la tension qu'il contrarie.

Comme le désert qui prend et dépose les armes, qui va et vient, tour à tour tout et rien, l'espace aménagé par Balzac dans *La Duchesse de Langeais* est un flux et un reflux, mais il réalise sans doute plus encore que le désert les espérances de l'excitant, du fait de sa scission, que l'on annonçait plus haut, en deux avatars, en deux hypostases de l'espace, le lieu physique, le lieu mental.

Qu'un espace physique, qu'une distance soient abolis par le récit, et c'est immédiatement un espace mental, une opposition de « sphères » de , « domaines », d'« aires », de « mondes à part », de « règnes », qui en saisit le relai, se chargeant de désunir du dedans, ou du plus infini des dehors, les corps enfin parvenus au point d'orgue de leur réunion – un point d'orgue, au sens propre, qui vaut métonymiquement présence de la duchesse, ne nappe-t-il pas, d'ailleurs, la première rencontre d'Armand et Antoinette, dans l'ordre chronologique élu par Balzac, rencontre qu'il ornemente et rend possible, comme signe ou comme image? –.

Le voyage, dans *La Duchesse de Langeais*, mène incontestablement le voyageur au constat qu'entre lui et le but de son voyage demeure, de quelque proximité qu'il l'observe, un espace qui assure à l'infini la prorogation de la rencontre véritable. Peut-être même l'immensité, la densité du trajet suggérées par Balzac ne sont-elles faites que pour persuader le lecteur que le plus long, le plus harassant des voyages ne garantit que la perspective d'un éternel voyage: zéro espace, en un mot, est encore, dans *La Duchesse de Langeais*, un espace, et le principal, et le tutélaire, celui qui sépare l'homme du désert de la reine du bal, l'aventurier tempêtueux de l'hâve déchaussée, l'amoureux pour qui oui est oui de la mondaine pour qui non est oui, l'amoureuse du reclus, l'amant de la duchesse et la maîtresse de l'être, celui qui demeure un corps de celle qui, pour reprendre la belle formule conclusive de Montriveau, ne sera plus « qu'un poème »[15], après avoir été réduite à une âme – « Enfin, de cette femme il ne restait que l'âme. »[16] –.

Le lecteur aura, quant à lui, été excité le temps du voyage, et excité longtemps, l'espace étant considérable, et de cette excitation, Balzac l'excitant garantit la permanence en garantissant celle de l'espace intersticiel, intercalaire: *La Duchesse de Langeais* est incontestablement un roman dont la problématique, et c'est en cela, en premier lieu, qu'elle paraît exciter, repose sur la conviction de la frangibilité du réel, sur sa composition en « des mondes » qui ne communiquent que dans la frustration, quand même les lieux et les corps, matériellement, se fondraient.

Ainsi, la scène réunissant les deux amants dans un boudoir à la fin du deuxième chapitre hurle l'exigence de cette frangibilité: « Quand les deux amants furent seuls, madame de Langeais demeura couchée sur son divan, muette, immobile, *absolument comme si Montriveau n'eût pas été là* »[17].

Il n'est pas au monde un monde, mais des mondes, qui se désirent, depuis la distance, cependant, qu'ils cultivent pour se désirer.

Pas d'excitation, peut-être, sans mise en scène de l'absence de l'autre.

N'est-ce pas, au demeurant, ce que suggère le long développement sur le Faubourg Saint-Germain du deuxième chapitre?

Peut-être l'aristocratie n'excite-t-elle Balzac que sur l'Aventin, peut-être son roman n'excite-t-il que parce qu'il rechigne à figurer

15. Ibid., p. 241.
16. Ibid., p. 66.
17. Ibid., p. 139.

l'unité, que parce qu'il entretient les règnes et peut-être surtout, en filigrane, le sien, celui du fabuliste, qui fait prendre, non plus un fromage pour la lune, mais des femmes capricieuses pour des « poèmes ».

« L'âme a le pouvoir inconnu d'étendre comme de resserrer l'espace »[18], écrit l'excitant au deuxième chapitre de *La Duchesse de Langeais* – en l'occurrence, d'ailleurs, il confond cet espace et ce temps si en cheville dans le roman, le temps s'y subordonnant aux résistances de l'espace, puisque c'est le temps, et non l'espace, que Montriveau ne voit pas filer dans l'antichambre d'Antoinette –, au moment de dépeindre un moment de « flottement » de l'homme-panthère, battu froid par l'aimée.

C'est bien cette fonction de l'âme que le préparateur de l'excitant-roman fait jouer à plein sur le métier: Balzac étend et resserre l'espace, fait tour à tour espérer et désespérer en lui, fait de son lecteur le Tantale et le dindon de la farce, le roué et l'excité, le Montriveau d'ici, le Nucingen de là-bas, d'un réel à face de vrai faux-frère.

Qu'est-ce donc d'ailleurs, au-delà du premier degré vengeur, du premier degré doctoral, qui fait d'Armand le censeur d'Antoinette, la voulant mutiler, « marquer », pour lui interdire de nuire, que cette scène de la salle de torture[19], dont le décor, irrésistiblement, évoque, « médiéval », « espagnol », novelle et fabliaux, cette cruauté même, par exemple, du *Roman du châtelain de Coucy et de la Dame de Fayel*, dont Barbey se souviendra lorsqu'il écrira *La Vengeance d'une femme*[20] croyant réécrire *La Châtelaine du Vergy*, qu'est-ce donc que cette scène, sinon le témoignage de la volonté de l'excité Montriveau d'abolir d'un coup l'étanchéité des règnes en générant, aux forceps, leur fusion?

Le rêve de Montriveau, qui de nouveau échoue, pour la plus grande excitation du lecteur, une fois de plus soumis au moratoire, s'exprime d'ailleurs en termes non voilés, sur cette scène soudain

18. Ibid., p. 133-9.

19. Ibid., p. 170-86.

20. Barbey d'Aurerilly. *Les Diaboliques*, Paris, Le Livre de poche, 1935, p. 311-59.

incendiée: « ... une minute, une seule me suffira pour vous atteindre dans tous les moments de votre vie... »[21]: dont acte, si le discours, moral, prétend venger et prévenir le tendre potentiel de cette coquette dont mesdames d'Espard et Bargeton, par exemple, prendront la relève, l'intention, toute amoureuse, prétend rompre en visière l'espace excitant. Il ne s'agit ici peut-être pas tant de « venger » une offense que de « manger », que de brûler... une distance.

« Cette dernière phrase fut prononcée avec un accent plein de hauteur et de fierté qui fit de cet amant novice une balle jetée au fond d'un abîme, et de la duchesse un ange revolant vers son ciel particulier...»[22].

Il ne s'agit peut-être pas tant d'ôter un front que d'« effronter »...

Il ne s'agit peut-être pas tant de mettre à mal une peau que ce virtuel espace qui en sépare et que l'on décide, que l'on soit Montriveau ou Balzac, de conserver finalement intact. « ... il aimait donc à lui voir inventer des obstacles »[23], dit le second du premier, évoquant son rapport à l'Antoinette affectée du deuxième chapitre. Dans les mêmes termes, il eût pu évoquer, pirandellien, les rapports du personnage à son auteur.

Haïssable peau, vraiment, qui ne se désire jamais que dans son haïssable fuite!

« La solitude avait grandi l'amour dans ce cœur, autant que l'amour avait été grandi dans le sien par les barrières successivement franchies et mises par cette femme entre elle et lui »[24].

Elasticité, frangibilité de l'espace affiché, pourquoi ne pas ajouter, sur ce « piano » où se cuisinent les points d'orgue, une stratégie de rétention narrative?

Qu'il me soit permis de convoquer, pour faire état de cette stratégie, un concept théâtral, celui d'exposition, que Jacques Scherer, dans sa *Dramaturgie classique en France*, définit de la façon suivante:

21. *La Duchesse de Langeais*, op. cit., p. 174.

22. Ibid., p. 116.

23. Ibid., p. 144.

24. Ibid., p. 56-7.

« EXPOSITION: partie de la pièce de théâtre qui fait connaître tous les faits nécessaires à l'intelligence de la situation intiale »[25].

L'on rappellera ici que Balzac propose, avec *La Vieille fille*, le premier roman-feuilleton, en 1836, dans le journal *La Presse*, d'Emile de Girardin.

Cette définition, ce constat historique, apparemment hétéroclites, s'allient lorsqu'il s'agit pour l'analyste des conditions d'une excitation du lecteur dans *La Duchesse de Langeais*, d'étudier les caractéristiques narratives de ce roman.

En effet, si l'on ne savait pas de Balzac qu'il était à même, lui aussi, à l'instar des autres grands feuilletonistes de son temps, finement, d'entretenir la suspension par un savant dosage de la délivrance d'information, par la culture d'une pusillanimité en matière de divulgation, la matière dont, dans *La Duchesse de Langeais*, il traite avec la nécessité d'exposition nous persuaderait qu'Emile de Girardin ne s'est pas trompé en se servant de lui pour essuyer les plâtres d'une idée à la juteuse postérité. Une fois de mieux, qu'on en juge.

L'intelligibilité de la situation initiale de *La Duchesse*, située en 1823, à Majorque ou, pour être précis « dans une ville espagnole située sur une île de la Méditerranée »[26], c'est-à-dire l'intelligibilité de la rencontre de Montriveau et Antoinette au couvent des Déchaussées, la compréhension de la nature de leur relation, des raisons pour lesquelles il se sont trouvés réunis après ce qui est présenté comme une longue recherche « ... elle avait jusqu'alors échappé à ses recherches obstinées... »[27], n'est rendue possible que par la lecture d'une analepse dont il est aisé d'observer qu'elle constitue à peu près totalement le roman qui ne se pose, dés lors, que comme le substantiel, le long parcours d'élucidation de la situation initiale, qui ne se trouve complétée que par le bref appendice du quatrième chapitre.

En un mot, *La Duchesse de Langeais* se présente en quelque sorte comme l'exposition de *La Duchesse de Langeais*.

Après avoir mené Montriveau en galère et avant de le mener en

---

25. Jacques Seberer. *La Dramaturgie classique en France*, Paris, Nizet, 1986, p. 437.
26. *La Duchesse de Langeais*, op. cit., p. 43.
27. Ibid., p. 50.

barque, Balzac utilise les deux tiers de son roman pour mener en bateau un lecteur qui n'est placé en position de comprendre ce que d'emblée il lui propose qu'au moment où il touche au port, qu'au moment où le roman touche à ses confins.

Bien entendu, cette sophistication narrative, cette réification du temps au profit de stratégies auctoriales, cette torsion opératoire de la chronologie participe éminemment des procédés de fabrication du roman-excitant.

A l'instar des romanciers populaires, et de leurs devanciers, que Sterne moque dans *Les Vies et opinions de Tristram Shandy*, et Diderot dans son *Jacques*, comme bien avant eux Scarron les daubait dans son *Roman comique*, Balzac fait «mariner» son lecteur, comme il fait mariner son roman-café. Le lecteur est intrigué, ferré par un développement avorté qu'il ne pourra inscrire dans son juste système de causalités qu'après avoir reçu, un à un et comme on le verra, non sans pauses, pour les agréger, les « informations nécessaires à l'intelligence de la situation initiale ».

Et encore la longue route qu'impose Balzac à ce lecteur n'est-elle pas sans embûches.

Dès les premières lignes du roman, il place sur cette route un long développement documentaire sur Majorque.

Dès les premières lignes du deuxième chapitre, dont le lecteur est en droit d'attendre qu'il l'éclaire sur les motivations des scènes fréquentées dans le chapitre introductif « Voici maintenant l'aventure qui avait déterminé la situation respective où se trouvaient alors les deux personnages de cette scène »[28], Balzac proroge et excite en imposant la lecture d'un essai digressif, consacré aux devoirs de l'aristocratie moderne. Cet essai court sur quelque vingt pages.

Au troisième chapitre, il se livre à quelques réflexions, à toutes fins utiles, sur la distinction amour-passion, au moment même où il achève cette phrase, insolemment apéritive, puisque faisant coup de théâtre et appelant donc de savoureuses évolutions: « Elle la [duchesse] n'aimait pas encore, elle avait une passion »[29].

28. Ibid., p. 70.

29. lbid., p. 188.

L'on obtient donc ceci: « Elle n'aimait pas encore, elle avait une passion.

L'amour et la passion sont deux différents états de l'âme que poètes et gens du monde, philosophes et niais, confondent continuellement »[30].

Si « penser est une fatigue »[31], Balzac ne s'en prive certes pas quand il s'agit d'aiguillonner son lecteur, de l'amener à cet état même de Montriveau au désert, qui, ayant sans cesse vu l'oasis se dérober, peut en goûter, en fin de compte, absolument, l'apparition inespérée.

« Le *moi* le tuait »[32], écrit Balzac de Montriveau. Il n'étouffe en tout cas pas Balzac lorsqu'il s'agit, par exemple, au moment où, au deuxième chapitre, son personnage devient captif des attraits de la duchesse, de disserter, citant Chamfort, sur les mérites du sentiment de la supériorité de l'être aimé[33].

Il ne l'étouffe pas non plus lorsqu'il se déguise en Ronquerolles, en sa sœur, madame Sérizy, en la princesse de Blamont-Chauvry, ce « Talleyrand-femelle[34] », pour interrompre l'action par ces mêmes leçons de galanterie, au mieux, de conduite salonnarde, au pis, dont a bénéficié le Meilcour de Crébillon[35] et dont bénéficieront, avec des fortunes diverses, Lucien de Rubempré et Rastignac.

D'une pierre, on l'aura compris, deux coups: Balzac, comme son modèle avoué Walter Scott – l'on renvoie ici le lecteur à l'« Avant-propos » de *La Comédie humaine* – excite, rejoint la cohorte des « suspenseurs » dont le feuilleton saura faire fructifier l'*ars* et, dans le même temps, il nourrit la leçon.

Instruire en excitant, exciter en instruisant et, toujours, sans doute, *s'exciter*.

Mais la rétention n'est pas uniquement dans la procrastination

30. Ibid.

31. Ibid., p. 203.

32. Ibid., p. 148.

33. Ibid., p. 108-9.

34. Ibid., p. 200.

35. Voir Crébillon Fils, *Les Egarements du cœur et de l'esprit*.

imposée au lecteur captif, elle n'est pas uniquement dans la lenteur de la révélation.

Elle est également, bien entendu, dans cette tendance du texte à évoluer en fugue, à varier sur le thème du chassé-croisé, en un mot à répéter, à l'infini, puisque le rendez-vous manqué est rendu en quelque sorte permanent par la conclusion de l'œuvre, une même situation, quoique jouant sur la diversité des nuances d'intensité, quoique jouant sur la symétrie qui fait de chaque personnage, tour à tour, finalement, l'acteur jouant le rôle de l'autre, sur un modèle qui n'est pas loin de rappeler à la mémoire, à prendre une distance coupable, les Smith et les Martin de l'Assimil d'Ionesco[36].

La Duchesse de Langeais est un roman qui met longtemps à délivrer l'information, il est également un roman où se joue l'impossibilité de débloquer une situation, un roman substantiellement répétitif, jouant sur les subtilités d'évolutions graduelles, mais inaptes à dissimuler l'invariabilité du fond.

Il fait lentement s'hystériser – n'est-ce pas, d'ailleurs le mot exact, pour désigner cette relation d'Antoinette et d'Armand, dans laquelle chacun semble jouir de l'autre par contumace? – la forme d'une relation invariante, et cette exaspération, et cette excitation est celle-là même du lecteur qui en suit le cours pour enfin comprendre, peut-être, au bout du bout, si l'on veut bien cesser de « discourir », l'ouverture du récit.

Le temps de la fable de *La Duchesse de Langeais*, au fond, est un temps arrêté, c'est un temps qui retarde sur celui, envisagé par le lecteur, mais jamais atteint, de la conclusion amoureuse, il est tout à fait à l'image de la montre de Montriveau – qui d'ailleurs, comme Chabert[37], « retarde » un peu –, et en cela, il excite.

Quant au temps de la narration, c'est le temps reconstruit qui dans un même mouvement, fait saliver le lecteur, le buvard, et le démiurge.

Temps apprêté de la narration, temps arrêté du narré, dans tous les cas rétention, mais pas encore toute la rétention que subsume *La Duchesse de Langeais*.

---

36. Voir Ionesco, *La Cantatrice chauve*.

37. Voir Balzac, *Le Colonel Chabert*.

Demeure bien entendu la rétention, l'épargne affective, dont abusent les personnages, et dont la mention faufile ce propos mais également, peut-être plus souterraine, celle que manifeste, et qui excite, la facture incontestablement rhapsodique de l'ensemble narratif *La Duchesse de Langeais*.

Il y a beaucoup de romans dans *La Duchesse de Langeais*, et autre chose que des romans: roman d'aventures, roman picaresque, quasi, roman de mœurs, roman d'amour, essai philosophique, essai historique, essai sociologique, chacun de ces romans, chacun de ces essais est une tentative, un geste que l'on peut assez aisément circonscrire au sein de l'ensemble, qui s'y détache des autres comme tous les espaces, dans le roman, se détachent de leurs voisins; chacun de ces romans, chacun de ces essais est une tentative, un geste, au fond, inaboutis.

La Duchesse de Langeais est certes un peu une cotte mal taillée, un roman sans doute trop bref pour que s'y réalisent tous les projets, distincts, qui s'y annoncent.

Balzac y multiplie les rendez-vous manqués: ceux qu'il y place et qui regardent sa distribution, ceux auxquels il soumet ses lecteurs, avides, sans doute, de recevoir de lui les amplifications que ces bouts d'analyses et de romans préfacent: *volens nolens*, le romancier frustre, il appâte: il excite et s'excite, délimitant le livre à venir.

D'ailleurs, qui sait, peut-être symptômatiquement, l'on ne succombe pas, en fin de parcours[38], sous tel « demener duel », telle démonstration pathétique de Montriveau recueillant la dépouille d'Antoinette.

Il est étonnamment impassible, Montriveau, peut-être parce qu'il tient de son auteur que *La Duchesse de Langeais* n'est qu'un germe de quelque chose dans quoi se refera jour la duchesse de Langeais dont Dieu peut bien faire la fin, comme il « fait les dénouements »[39] au réel, sans que Balzac renonce, quant à lui, à lui donner un nouvel avatar, puisque, quoi qu'il en ait, sur le terrain de la fiction, c'est lui, et lui seul, qui fait les dénouements, et qu'Antoinette n'est plus, au

38. *La Duchesse de Langeais*, p. 239 et suivantes.

39. Ibid., p. 231.

débouché de l'œuvre, c'est Montriveau qui le dit à Ronquerolles, « qu'un poème»!

Et d'ailleurs, de dénouement, *La Duchesse de Langeais* n'en comporte pas véritablement: les deux amants poursuivent, si j'ose dire, leur poursuite...

Antoinette est, dans la bouche de Ronquerolles, « un livre lu pendant notre enfance »[40].

Ces livres mêmes dont la fin des fables est toujours repoussée par celui qui écrit, et par celui qui lit?

Ceux-là que l'on prend plaisir à rechercher toujours, qu'on désespère de retrouver jamais, et qu'on est désespéré de retrouver un jour?

Une fois de plus, dont acte: Dieu fait les dénouements, Balzac les défait.

La mort qui fauche Antoinette ne siffle pas la fin de l'excitation.

« Quand la France envoie ses cinq cents mille hommes aux Pyrénées, elle ne les a pas sur Rhin.

Ainsi de l'homme»[41].

Voici « l'image axiomatique »[42] dont Balzac use en guise de péroraison pour son *Traité des excitants modernes*.

Il y signale le danger que constitue l'investissement excessif dans les excitants, le risque d'exclusivité mortifère, stérilisant, dont pourraient bénéficier les diverses sources de plaisir livrées à la discrétion de son contemporain par l'accorte modernité.

Ce faisant, bien entendu, il dit deux ou trois choses de son œuvre.

Les excitants rendent captifs, captivent. Or, quel romancier ne rêve de captiver, à telle ou telle fin?

Les excitants sont dangereux. Or, quel romancier, captivant à l'égal des excitants modernes, pourrait se voir reprocher d'attenter à la santé physique de ses lecteurs?

---

40. Ibid., p. 240.

41. *Traité des excitants modernes*, op. cit., p. 48.

42. Ibid.

Les excitants ferment au monde. Or, quel romancier, captivant à l'égal des excitants modernes quoiqu'en toute innocuité, ne garantit-il pas au contraire, l'ouverture à un monde. Cette ouverture est assurée par l'excitation romanesque, qui rend attentif aux faits relatés – l'excitation liée au sentiment d'une distance entre le sujet et l'objet « communiqué de la valeur à l'objet souhaité »[43], écrit Balzac –, qui rend attentif à leur portée symbolique et qui, le cas échéant, loin de stériliser, fait accoucher d'une idée des choses, voire d'une action, fût-elle ponctuelle et vouée à l'échec, sur leur cours.

Le roman est peut-être cet excitant qui, envoyant dans les Pyrénées, fait voir le Rhin.

Il faut exciter, il faut exciter sans mettre en danger pour ouvrir, élargir, déconcentrer le regard : l'excitant rêvé est, en creux, défini, il ressemble diablement au roman selon Balzac.

Et il ressemble diablement, pour tout dire, à *La Duchesse de Langeais*, roman fait pour exciter sans danger, roman fait pour exciter et pour que sourde de l'excitation une conscience de la partition du monde qui accorde au désir, à la volonté, à la lutte, à l'attente, à l'espérance, ce qu'elle refuse à la paix.

La Duchesse de Langeais, en un mot, est peut-être un roman dont tout le sens est de convoquer son lecteur à choisir entre l'excitation et l'accomplissement, entre le désir de l'objet et le désir du désir, entre la conclusion des contes et celle qui, en fin de compte, lie pour toujours à la quête amoureuse Armand et Antoinette, le « dernier amour d'une femme »[44] et « premier amour d'un homme »[45] dont Balzac l'excitant écrit: « Armand et madame de Langeais ressemblaient à ces fakirs de l'Inde qui son récompensés de leur chasteté par les tentations qu'elle leur donne »[46].

43. *La Duchesse de Langeais*, op. cit., p. 111.

44. Ibid., p. 241.

45. Ibid.

46. Ibid., p. 133 et La Fontaine, *Fables*, XI, 6.

Da Utilidade da China

*Anne-Marie Grand**

Não acredito em desenlaces, diz a Senhora de La Baudraye, é preciso criar alguns muito belos para mostrar que a arte é tão forte quanto o acaso; mas, meu caro, a gente só lê uma obra por causa dos detalhes.

Un prince de la bohème, *1839-1845*

O universo construído por Balzac em *A comédia humana*[1] oferece aos leitores uma densa rede de personagens se movimentando dentro de um contexto geográfico que por sua vez é também uma rede. De certa forma, esta é bastante parecida com a rede ferroviária francesa: todas as vias convergem para Paris. Privilegiando a França, esta geografia delimita uma oposição capital/interior cujo imaginário permanece ainda vivo, para nós, neste fim do século XX[2]. Porém, o que existe além das fronteiras não é completamente esquecido. Seja porque Paris acolhe vários estrangeiros (polonês como

* Doutora em Literatura e professora no Lycée Pasteur, São Paulo.

1. Todas as referências à obra de Balzac são da edição Pléiade dirigida por Pierre-Georges Castex.

2. Cf. Nicole Mozet, *Balzac au pluriel*, PUF, 1990, que propõe uma interessantíssima análise a respeito deste aspecto.

o conge Langinski e seu *alter-ego* ou Wenceslas Steinbock, alemão como o músico Schmucke, português como Ajuda-Pinto ou a duquesa de Grandlieu, etc.), personagens principais ou secundários de várias narrativas, seja porque as personagens partem para o exterior. Duas razões motivam essas partidas: esconder-se para viver felizes, geralmente na Suíça, como madame de Bauseant e Gaston de Nueil ou a princesa de Cardignan e d'Arthez, mas o caso é raro; o mais comum é: em busca da fortuna. Onde? Na Ásia.

A Ásia de Balzac é um vasto espaço mal definido onde se encontram a China e a Índia, a Malásia e Java e também o que nós chamamos de Oriente Médio, além da África do Norte e, mais surpreendente ainda, as Américas. Não é que Balzac tivesse tamanho desconhecimento geográfico, mais sim que os países americanos participam de um fantasma oriental cujo funcionamento já foi bem estudado por Pierre Citron (1986, *Dans Balzac*). Se *La fille aux yeux d'or* (1834-35) fornece os componentes mais ricos deste fantasma, no plano romanesco, o próprio Balzac o esclareceu na crítica que fez do livro de Borget *La Chine et les chinois*[3] de uma forma mais séria, porém com pouca diferença no texto de 1832, "Voyage de Paris à Java". Assim, este fantasma contagia, pouco ou muito, o conjunto da geografia mundial.

Para comprovar isso, basta pensar na personagem do brasileiro colocado em *A prima Bette* (1841). Se ele pode se tornar o instrumento de vingança, o *deus ex machina* da história, não é por ser apresentado como Othelo (apesar de o mouro assim como o ciúme e a vingança representados por ele serem bem característicos do Oriente balzaquiano) mas sim por ser uma arma ativada por madame de Saint-Estève, tia de Vautrin, justamente denominada Ásia em *Esplendor e misérias das cortesãs* (1845). Nesse romance, Esther lhe rouba com a ajuda de uma amiga uma pérola negra que contém um estranho veneno que a mata. Veneno que, apesar de ser fulgurante, tem muita relação com a doença de efeito retardado que o brasileiro transmite a Valerie Marneffe. Nos dois casos, é preciso

3. Crítica publicada em *La Législature*, dias 14, 15, 17 e 18 de outubro de 1842. Borget foi apresentado a Balzac por Zulma Carreau. Quando veio a Paris, alojou-se na mesma casa que Balzac, rua Cassini. Ele foi para a China em 1836 e regressou em 1840.

um intermediário, existe mistério, violência e irreversibilidade já que a medicina ocidental se descobre impotente ante o desconhecido que desafia seu saber; nos dois casos, é o sexo que mata, direta ou indiretamente[4]. Aliás, a maneira de viver no Brasil do senhor Henri Montès de Montéjanos, *arrière-petit-fils d'un des conquérants du Brésil*, corresponde aos critérios do oriente balzaquiano: poder absoluto e enclausuramento. Ele é *rei*, ele é *czar*: *Eu comprei todos os meus súditos e ninguém sai do meu reino* (p. 415).

Até os Estados Unidos têm alguma coisa do Oriente: o homem só tem valor relativo, verdade que sem nenhuma compensação onírica.

Este alhures ao mesmo tempo positivo e negativo deve, portanto, permitir às personagens atingir rapidamente a riqueza. Às vezes essa esperança se realiza, como em *Modeste Mignon* (1844), *Eugénie Grandet* (1833), *A mulher de trinta anos* (1834). Às vezes é proposta como expectativa, como é o caso em *O contrato de casamento* (1835), e o leitor sempre ignorará o destino de Paul de Mannerville; às vezes, ela falha como em *A prima Bette*, onde os cálculos do barão Hulot, apesar de lógicos, não encontrarão sucesso.

Pode acontecer que as personagens voltem, ricas ou não, mas radicalmente transformadas, endurecidas (no sentido negativo, tendo perdido toda sensibilidade, o que de outra forma confere uma certa vantagem para dominar as novas regras do jogo social), como é o caso de Philippe Brideau em *La Rabouilleuse* (1841-42) ou de Charles Grandet.

Vez por outra, ir ao exterior tem por objetivo redimir a personagem por intermédio da glória militar (*Un début dans la vie* ou *Ursule Mirouët*), e a Argélia parece só existir para isso – é o início da colonização. A Argélia, margem oriental e margem em via de perversão, entre o paraíso oriental e o inferno ocidental, atua como purgatório. Assim o corrobora tanto a transformação positiva da personagem em *Un début dans la vie* quanto a nomeação de Marneffe, dada (e recebida pela personagem) como uma sanção em *A prima Bette*.

4. Fantasma que, por sua vez, é o âmago do "Voyage de Paris à Java".

Mas se o alhures possui, *grosso modo*, as mesmas características e as mesmas funções, um país, todavia, se mostra um pouco diferente e alcança uma forma de individualidade: a China.

Se é um lugar onde se vai conquistar a fortuna, ao contrário do resto do mundo a sua existência não se limita a isso, já que ela se encontra, em vários níveis, no espaço romanesco, tanto em Paris como no interior.

Os meios que fornece para as pessoas ávidas de enriquecimento rápido podem se resumir em uma palavra: ópio. Charles Mignon, numa carta anunciando por ocasião da sua volta, explica esse programa[5]. Arruinado, ele se foi para a Ásia para reconstruir sua fortuna; demorou sete anos mas voltou com 7 milhões (p. 556-7):

> *Negociei com ópio por atacado para algumas casas de Cantão, todas elas dez vezes mais ricas do que eu. Vocês, na Europa, não fazem idéia do que sejam os ricos negociantes chineses. Eu ia da Ásia-Menor, onde obtinha ópio a baixo preço, a Cantão, onde entregava minha mercadoria às companhias que negociam com o produto. Minha última expedição foi às ilhas da Malásia, onde consegui trocar o produto do ópio por anil de primeira qualidade*[5].

Seguindo esse regime, dois anos lhe bastaram para comprar seu próprio navio, um *joli brick de 7 cents tonneaux*. Pode-se acrescentar que o índigo tem essa vantagem sobre as outras mercadorias, pelo menos em francês, de permitir que "n'y voir que du bleu". De fato, o projeto da personagem é abandonar o comércio, comprar de volta as terras ancestrais e reconstituir a nobreza passada da sua meta, no entanto, é preciso esconder, ou pelo menos encobrir discretamente, a origem dos milhões que possibilitaram um tal empreendimento.

Outros romances falarão do ópio com menos benevolência para um comércio que não era muito mais honroso que o dos seres

5. O romance é tardio, 1844, mas é inserido nas *Cenas da vida privada*, ou seja, no começo de *A comédia humana*, onde ele é o quinto texto.

humanos que por sua vez será o fundamento da fortuna de Charles Grandet[6]. (Pode-se notar, aliás, que as duas personagens têm o mesmo primeiro nome e que Balzac era particularmente atento aos efeitos da onomástica.) Em *La fausse maîtrese* (1841), vemos um inglês, primeiro chamado de filantropo, que a vida parisiense arruína e mata, e em seguida este comentário: *ce philantrope faisait le commerce de l'opium.* E se Nucingen em *Splendeurs...* abandona a idéia de investir nesta área, não é por razões morais mas sim porque é zona restrita ao governo inglês.

Assim, pode-se afirmar que a China, do ponto de vista da relação espaço/fortuna, permite explicitar a imoralidade essencial de uma acumulação rápida do capital, o que, aliás, reiteram muitos textos de *A comédia humana.*

Mas, ao contrário de outros países, sua presença não se limita a possibilitar rápidas e enormes fortunas. Constantemente presente, mesmo que de maneira discreta, ela fornece imagens e referências aos narradores das diversas histórias. Os retratos, em particular, emprestam da sua pintura elementos permitindo a descrição hiperbólica (várias vezes a sobrancelha, também o desenho do rosto, ainda a transparência da pele, sem falar da arte dos penteados) da beleza celestial de moças ou mulheres mas também da beleza delicada e equívoca de alguns homens, por exemplo Lucien de Rubempré. Mais raramente, a referência pictural serve para sugerir o inquietador, o monstruoso indescritível[7].

Nenhum interior refinado pode escapar da presença de objetos de arte ou de artesanato chinês (*Modeste Mignon, Ursule Mirouët, Splendeurs et misères des courtisanes*): a sala de madame de Mignon: *oferece aos olhos as maravilhas de uma pintura que imita as lacas da China. Sobre fundos negros enquadrados de preto, brilham os pássaros multicores, as verdes folhagens impossí-*

6. Notar-se-á a identidade do primeiro nome entre as duas personagens, que certamente não é fortuita levando-se em conta a preocupação onomástica de Balzac para com os mesmos.

7. Engraçado aliás constatar que este uso contradiz o que o próprio Balzac contará nos artigos da *Législature*: que seu primeiro interesse pela China era devido justamente ao grotesco, ao monstruoso.

veis, os fantásticos desenhos dos chineses (p. 476), assim como a *bela* sala de jantar do doutor Minoret é *decorada com pinturas chinesas semelhantes à laca* (p. 850) ou ainda como a mansão onde Nucingen instala Esther tem cortinas que são *um tecido de seda comprado em Cantão, em que a paciência chinesa pintou os pássaros da Ásia com uma perfeição cujo modelo existe apenas nos velinos da Idade Média, ou no missal de Carlos V, o orgulho da biblioteca imperial de Viena*[8] (p. 618). Entre os bibelôs que vão se acumulando nas salas sempre se reserva um lugar para algumas *chinoiseries* (objetos chineses) que também podem ser depreciadas, eventualmente, quando amontoadas nas vitrinas das lojas de curiosidades ou quando testemunham uma moda antiga, assim como na sala da baronesa d'Aldiger (*La maison Nucingen*, 1838). A China é um dos signos do luxo.

Enfim, o termo *chinois* é usado cada vez que se precisa indicar uma personagem percebida como perversa e/ou incompreensível e, em todos os casos, perigosa (Cistemio ou Peyrade fantasiado de lorde inglês, por exemplo). Este sentido da palavra existe na língua desde 1820 e sua conotação injuriosa e popular não impede que ela sirva tanto para De Marsay quanto para uma prostituta, ou mesmo para o juiz Popinot, que avalia a falta de sutileza de Godeschal com estas palavras: [il] *n'est pas très Chinois* (*L'Interdiction*, p. 448).

A China evocada transborda assim o imaginário do mundo exterior para testemunhar uma moda que perdura, apesar das flutuações, nesta primeira metade do século XIX, já que se madame de la Baudraye (*La muse du département*, 1843), nos anos 20, em Sancerre, se interessa pela Idade Média, no fim dos anos 30, morando em Paris, o seu interesse se desloca para as *chinoiseries*.

Mas existe um texto, *L'Interdiction*, no qual a China ocupa um

8. Esta comparação é particularmente interessante porque associa arte chinesa e iluminuras; portanto, a China e o livro. O conhecimento dos chineses em matéria de gráfica é exposto circunstancialmente no começo de *Illusions perdues*. Pode-se entender que um país onde a escrita é sagrada sempre fascinou os escritores. Balzac não é o primeiro, nem será o último.
Aliás estas cortinas se encontrarão de novo na casa de madame Rabourdin em *Les employés* para testemunhar sua origem e sua cultura.

lugar mais importante e muito particular. Se se identifca ao mesmo tempo com a questão da origem das fortunas e do luxo, ela justifica também o quadro médico de "loucura e imbecilidade", em virtude do qual madame d'Espard gostaria de fazer interditar seu marido.

Não é satisfatório ver na referência chinesa um mero reflexo do modismo, especialmente porque o próprio texto já o anota quando o juiz observa na mansão da marquesa d'Espard *les curiosités entassées sur la cheminée* cuja presença ele ironiza: *Si le marquis d'Espard est fou de la Chine* [...] *j'aime à voir que les produits vous en plaisent également. Mais peut-être est-ce à M. le Marquis que vous devez les charmantes chinoiseries que voici* (p. 466).

Então, como ligar China e loucura? Como vincular origem das fortunas e loucura? Por que e como pode esse país testemunhar particularmente a demência do marquês?

Para tentar responder a essas perguntas, examinaremos as condições de publicação da obra. O conto foi escrito no começo de 1836 para ser publicado na *Chronique de Paris*, jornal que Balzac possuía desde janeiro de 1836. Nesse mesmo ano, é vendido em volume no segundo fascículo das *Etudes philosophiques*.

Na edição de *A comédia humana* (1844), ele é colocado no tomo II das *Cenas da vida parisiense*, mas no plano de 1845, corrigido em 1847, Balzac pensa em colocá-lo nas *Cenas da vida privada*, lugar que ele ocupa nas edições modernas, depois de *La messe de l'athée* (1836) e antes de *O contrato de casamento* (1835).

Essas localizações sucessivas dentro da obra de Balzac são comuns e podem sugerir algumas indicações de leitura. Da primeira classificação nas *Etudes philosophiques*, o conto guarda em filigrana a idéia de que pertence a um conjunto *où le moyen social de tous les effets se trouve démontré, où les ravages de la pensée sont peints, sentiment à sentiment*[9], que alcance uma perspectiva mais generalizada que o estudo de costumes.

Além disso, se se levar em conta o modelo de *La Peau de chagrin*, é preciso buscar o mito que a narrativa contém. Numa

9. Prefácio de *A comédia humana*, Pléiade I, p. 19. Balzac ressalta o papel de *La peau de chagrin* como mediação entre as *Etudes de mœurs* e as *Etudes Philosophiques* através do mito.

carta a Eva Hanska, de 26/10/1834, Balzac escrevia: *dans les Et[udes] philosophiques, je dirai pourquoi les sentiments, sur quoi la vie*[10]; *quelle est la partie, quelles sont les conditions au-delà desquelles ni la société, ni l'homme n'existent* (citado por Castex, p. XIV, Pléiade I). E o escritor acrescentava que neste nível se tratava de julgar a sociedade. *Cenas da vida parisiense*: o texto sem dúvida pertence a esse grupo por várias razões: primeiro porque existiam, nesse tempo, inumeráveis processos em interdição; segundo porque permite um ponto de vista sobre o funcionamento da justiça com a personagem de Popinot; e finalmente porque faz parte das raras obras de Balzac em que a miséria do povo é descrita.

Contudo, o autor finalmente decide classificá-lo entre as obras, segundo ele mesmo, voltadas para o começo da vida *l'enfance, l'adolescence et leurs fautes*[11], o que corresponde bem pouco às personagens (o marquês tem 50 anos, o juíz é mais idoso ainda; nem Bianchon, nem Rastignac estão no começo de suas vidas – a história acontece em 1828, ambos se aproximando dos 30 anos; a marquesa domina Paris há 7 anos e os seus filhos são seus comparsas), mas se escolhemos o termo "origem" para melhor designar essas narrativas, torna-se possível entender melhor para onde nos leva *L'Interdiction* e por que a monomania do marquês só podia ser chinesa.

Ao escolher de localizar este texto entre *La Messe de l'athée* e *O contrato de casamento*, Balzac lhe propôs outras dimensões. O narrador do primeiro é Bianchon, cujo tema, aparentemente, é a gratidão. Um pobre carregador de água ajuda financeiramente o grande Desplein a estudar, mas o sucesso do cirurgião e sua riqueza são, na verdade, o resultado do sacrifício de um pobre, um miserável diria Hugo, pelo qual Desplein tinha um respeito filial que o faz assistir a uma missa por ano, mesmo sendo ateu. *O contrato de casamento*, por sua vez, mostra uma mulher que se apodera de todos os bens de seu marido e se livra dele mandando-o para as Índias. Da construção de um sucesso social sobre o sacrifício – se bem que voluntário – de um pobre ao roubo legal de uma fortuna por

10. Sublinhado pelo próprio escritor.

11. Ibid., p. 18.

uma mulher agressiva, a trajetória em que se inclui *L'Interdiction* convida ao questionamento a respeito do valor do termo *interdiction* escolhido como título, além do seu sentido jurídico. O que é interdito, proibido aqui? *O que* em vez de quem.

Em todos os casos, o deslizamento de um conjunto para outro e a organização que desrespeita a cronologia da redação convidam a multiplicar as leituras e a considerar o deslize em si como fator de sentido.

Em *Cenas da vida privada*, *L'Interdicition* entra numa problemática da origem. Primeiro, devido a seu tema: a origem de uma fortuna (aquela da família d'Espard); depois, e sobretudo, devido a uma estrutura. Este conto breve (72 páginas na edição de referência) ressalta, em razão desta mesma brevidade, a importância dada ao passado. Mais de um quarto do texto se dedica a estabelecê-lo por meio de descrições e narrações, sem falar de todos os diálogos (eles ocupam a metade do texto) que, tendo por objetivo determinar a verdade, são interrogatórios destinados a fazê-lo surgir. Além disso, o conto é construído em sete partes (ou seqüências) cronológicas. O tempo da história não é muito rigoroso – a temporalidade vacila entre a quinta e a sexta partes –, mas o autor ressaltou a sua importância restringindo o acontecimento a uma semana, de uma sexta-feira até a seguinte. Será isso uma maneira de indicar ao leitor que se pode ler neste texto a organização do mundo? Um caos que deve transformar-se em ordem ou uma ordem que mostra afinal o seu caos original? Será que se trata da questão das condições de existência do social?

Por outro lado, esse rigor aparente do contexto se dissolve quando diz respeito ao passado e à história das personagens. O acontecimento data de 1828. Mas as referências ao passado e à idade dos protagonistas são indecisas. A marquesa tem 33 anos *pelo que consta no registro civil* (p. 451) mas 22 em 1816, quando seu marido a deixa, e teria 16, quando se casou, em 1812. Sem dúvida apenas um detalhe. Só que esse detalhe também se apresenta no que diz respeito ao marquês, que tem 26 anos no dia do casamento e 50 no momento da história.

No entanto, uma data serve de quício: 1816. Em 1816 o juiz Popinot descobre *de visu* a realidade da miséria. Em 1816 o marquês toma a decisão de devolver a fortuna "roubada" por seus ancestrais. Essa marca para ambos a descoberta do "real" e uma similar inconformidade a respeito: o juiz e sua caridade ativa e o marquês e sua intransigência ante a mancha do passado.

A história, mesmo que não diretamente, se reflete nas personagens. Também 1816 é o ano em que a marquesa desquitada se retrai da vida social antes de surgir de novo no céu parisiense em 1820 para conquistar em um ano seu reinado de mulher "à la mode" que, na verdade, disfarça suas ambições políticas.

Datas e cifras trabalham, aparentemente, do lado da ilusão referencial, mas a falta de rigor assinala o aspecto secundário na economia da narrativa, e talvez se deva ler nelas um mero signo da cronologia: o presente nasce de um passado irrevogável. Banalidade? Pode ser...

Portanto, o que é esta narrativa? Ela tem três protagonistas essenciais: a marquesa d'Espard, o marquês e o juiz Propinot. Não podemos, no entanto, negligenciar duas personagens secundárias: Rastignac e Bianchon. O primeiro serve de "embrayeur" para a narrativa porque sua ambição teria interesse numa associação com a marquesa, cuja potência política ele reconhece. O segundo desempenha o papel de intermediário, fazendo a marquesa e o juiz, que é tio de Bianchon, se encontrarem. Ele é também o futuro narrador que difundirá a história e será o instrumento do desfecho, mais tarde em *Splendeurs...* Com efeito, ele contará a anedota a Lucien que, por sua vez, a contará a M. de Sérizy, graças a quem as manobras da marquesa falharão. (Esse papel de Lucien será lembrado três vezes. É interessante refletir a respeito desse "mergulho nas profundezas" num romance que também trata de uma tentativa de enriquecimento imoral, já que é resultado da vontade de um criminoso explorando a prostituição e que a marquesa se apresenta como a pior das inimigas de Lucien.)

Esse conto tem duas conclusões contraditórias. Em *L'Interdiction*, todos os indícios pleiteiam em favor da marquesa, não somente porque o caso é retirado de Popinot e dado ao ambicioso Camusot, mas também porque o narrador realça a importância dos minúsculos eventos sobre os grandes: o juiz, doente, protela para o dia seguinte sua visita à casa do marquês porque ele é *incapable de soupçonner la gravité d'un délai*, situação comparada a "la journée des Dupes"[12] (p. 470); enfim, como veremos, porque a lógica inteira do texto conduz a esse resultado. Aliás, um outro conto escrito em 1835 o confirma. O resfriado do juiz serve de referência para explicar como um incidente tão insignificante acaba dando resultados desastrosos. Por outro lado, *O contrato de casamento* confirma também essa vitória feminina[13].

Todavia, em *Splendeurs...* o resultado será contrário graças a uma coalizão masculina de homens mal-amados (Sérizy, Bauvan – o herói de Honorine – e Grandville). Esta dupla conclusão tem a vantagem de salvar tudo. De um lado, o "realismo" que põe a justiça a serviço do poder (o marquês será interditado). De outro, a dimensão simbólica que não diz respeito apenas à origem das fortunas mas também ao imaginário social (e prega em prol da interdição, ela mesma simbólica). E, enfim, a "moral" balzaquiana que, como mostrou muito claramente L. Frappier-Mazur[14], não permite atingir o pai, num universo em que a filiação continua sendo patrilinear (o marquês não será interditado).

Esta dupla conclusão, além disso, faz de *L'Interdiction* um desses textos fascinantes nos quais a vontade do escritor é frustrada pela lógica da escritura.

A narrativa então conta a investigação do juiz Popinot no contexto do pedido de interdição apresentado por Desroches, advogado da marquesa.

À leitura desde requerimento feita por Popinot, com muitos

12. Nome dado ao dia 11 de novembro de 1630, quando os adversários de Richelieu se sentiram "dupés" (enganados), pois tinham certeza de que o rei iria mandá-lo embora, para descobrir afinal que ele estava mais poderoso que nunca. Além disso essa comparação coloca a problemática deste conto que aparenta estar totalmente privada, dentro de um contexto de poder e de política.

13. O deslocamento dos textos que põe *O contrato de casamento* escrito antes, depois de *L'Interdiction* parece confirmar esta conclusão. Poder-se-ia acrescentar também *Le Colonel Chabert* escrito em 1832, mas corrigido em 1835, mostrando idêntica vitória feminina e colocado antes de *L'Interdiction*. Se bem que nosso conto esteja "preso" entre duas narrativas nas quais mulheres, injustamente perante a moral, mas usando da legalidade, se desfazem de maridos que incomodam.

14. In *Littérature*, n. 29, fev. 1978, p. 53-62, "Fortune et filitation dans quatre nouvelles de Balzac".

comentários, na presença de Bianchon, sucede a descrição da miséria profunda que o juiz enfrenta a cada manhã. O que a marquesa alega é primeiro a prodigalidade do marquês em prol de uma dama Janrenaud e de seu filho (pessoas vivendo na miséria em 1814) desde que ele deixou a casa da esposa levando consigo os filhos para se instalar na rua de La Montange-Ste-Geneviève, no começo de 1816. Esta é a razão do pedido de interdição.

Encontrando-se tal prodigalidade sem explicação (nem mesmo aquela que a moralidade desaprova), deve-se considerar a existência da loucura, comprovada esta pela monomania chinesa.

Monomania que só ficou evidente depois de 1818 apesar de o marquês, como explica para o juiz, já saber o chinês desde 1811.

Enfim, esta loucura é evidenciada com o fato de que o marquês desrespeita a sua condição tornando-se homem de negócios (tipógrafo) a fim de publicar uma *Histoire pittoresque de la Chine*, o que o deixaria endividado. O título da obra lembra um outro do próprio Balzac, que pensou em escrever uma *Histoire de France pittoresque*[15].

Conclusão esta que arranca de Bianchon um grito: *Este homem é louco*. Mas, como o próprio juiz que retruca: *Tu acreditas nisso, tu...*, o leitor não pode se satisfazer com essa avaliação.

Bianchon bem sabe ler os signos, mas signos do corpo. Ora, aqui se trata de signos escritos e escritos num palimpsesto, já que sob os signos do advogado há os signos da marquesa, e sob estes os do próprio marquês, e sob estes os da história e da sociedade. Como nas casas do juiz e do marquês se encontram rastros sucessivos dos tempos que as fizeram.]

Afirmar a monomania chinesa não basta, é preciso comprová-la. Por isso, depois de ter declarado que *todos os atos de sua vida* [...] *são marcados pela loucura* (p. 447), o requerimento fornece provas.

15. O que não é o único ponto de encontro entre o criador e o personagem. Pensa-se que o marquês é tipógrafo em 1828, como Balzac foi neste momento com a diferença – compensadora? – de que o negócio do marquês é um sucesso financeiro enquanto Balzac fracassa, como sabemos.
Por outro lado, este projeto de Balzac por ele próprio na introdução a *Sur Catherine de Medicis* é uma reflexão sobre o poder que lhe conduz a concluir pela grandeza da personagem e a sua percepção política correta, incluída a Saint-Barthélémy.

O marquês relaciona os eventos contemporâneos com a China, repreende o governo (apesar de sua afeição pessoal pelo rei) comparando-o ao governo chinês. Ele ensina a História chinesa a seus filhos, especialmente *Os fatos* [...] *que contradizem as doutrinas da religião católica* e os dialetos chineses. Ele chama de *mandarins* os juízes e de *letrados* os professores (que, não sendo cultos, ficam ofendidos com isso. A ironia nunca está longe na obra de Balzac!). Em suma, ele imagina "viver na China".

Que estas acusações são falsas será duplamente demonstrado. Primeiro, o narrador, apresentado o meio onde vive o marquês, explicará as engrenagens do rumor. Depois, o próprio marquês justificará diretamente o seu interesse pela China.

Antes de tudo é uma boa ação: ele ajuda assim o seu amigo Nouvion, que regressou arruinado depois da emigração[16]. Mas esse interesse se enraíza na própria educação, já que ele teve como preceptor o abade Grosier[17] e sabia falar chinês aos 25 anos.

Enfim, ele elogia esse país com uma só frase, cumulativa, realçando a sua grandeza: a capacidade de absorver conquistadores[18], a existência dos anais (*Annales*), uma história escrita milenária, a imutabilidade das instituições que garantem a conservação do território, os monumentos gigantescos, a administração perfeita, a impossibilidade de revoluções, a negação do belo ideal (como limite ao desenvolvimento da arte[19]), o luxo e a indústria superiores às produções ocidentais.

16. Comportamento que diz respeito à amizade, porém de uma maneira mais profunda à religião. Aliás é interessante notar que se a casa de Popinot atesta a história do pessoal de justiça, a casa do marquês reflete a religiosidade: [...] *tout respirait cette grandeur que le Sacerdoce a imprimée aux choses entreprises ou crées par lui* [...], p. 472.

17. Personagem real, 1743-1823, foi bibliotecário do Arsenal em 1818 (no momento da revelação da monomania do marquês). Ex-jesuíta (a Companhia foi dispersada em 1773), e autor de uma obra em sete volumes publicada em 1787: *De la Chine ou description générale de cet empire d'après les Mémoires de missions de Pékin.*

18. A mesma idéia se encontra em *La Fausse maîtresse* a respeito da Polônia que deveria ter imitado (em relação aos russos) os chineses: *Qui ont fini par chinoiser les Tartares et qui chinoiseront les Anglais, il faut l'espérer* (p. 197). É a época da guerra do ópio.

19. Em seus artigos sobre *La Chine et les Chinois*, especialmente o de 17 de outubro, Balzac volta a defender esta idéia e a relaciona com a estética do grotesco desenvolvida pelos Românticos.

Essa acumulação funciona como uma demonstração cujos três primeiros elementos são a base redundante: sendo a estabilidade o significado em comum. Estabilidade essa que é a causa dos efeitos sucessivos na ordem da frase cujo significado em comum seria, desta vez, a grandeza. Para começar: os monumentos. Em outras obras, outros personagens, às vezes narradores, se queixarão da falta de grandeza arquitetônica na França da *Restauration*, assim como da *Monarchie de Juillet*. Enfim, não se pode discutir a conclusão a respeito da supremacia do luxo e da indústria, já que todos os interiores parisienses a testemunham, inclusive o da própria marquesa.

O marquês aparenta propor um modelo à reflexão política, o que a educação dada aos filhos não desmentirá: uma sólida instrução (Matemática, em vez de Filosofia), conhecimento de línguas estrangeiras, conhecimento do mundo através de viagens, para que eles ocupem o lugar que merecem (para serem úteis e não para ostentar) no Estado. Também poder-se-ia ler nesse interesse pela China um efeito de reflexão política a longo prazo sobre a evolução dos dados planetários. E a história confirmaria a escolha do marquês já que nos anos 40 a França tentará se colocar na China após a guerra do ópio e os benefícios comerciais conquistados pelos ingleses.

Não obstante, não é nada disso, e o que parece abertura ao futuro só é enclausuramento no passado.

Com efeito, o panegírico, assim o comprova a referência a Grosier, não resulta de uma avaliação pessoal contemporânea (já há alguns anos, desde de 1816 exatamente, com a embaixada Amherst e a negação inglesa de se conformar aos costumes chineses, prepara-se a destruição do império chinês sob a pressão do colonialismo). Ele é marcado pelas idéias difundidas primeiro pelos jesuítas e depois por alguns filósofos do século XVIII, até se tornarem lugares comuns. De outro lado, a educação tão cuidadosa dos filhos do marquês não terá nenhuma conseqüência em *A comédia humana*, em que esses jovens tão favorecidos e tão bem educados se verão só uma vez, em *Splendeurs...*, na mansão dos Grandieu onde são convidados apenas para afastar a marquesa (ela não gosta de ser vista com os filhos porque desvendam a sua idade).

Sendo o modelo político inoperante, a China nem comprova a loucura do marquês nem sua razão. É preciso então deslocar a interrogação a ler as entrelinhas, no sentido exato da expressão, pois entre duas referências à China, o narrador menciona uma *mélancolie noire* que atinge o marquês cada vez que se fala da dama Jeanreneaud ou do reinado de Louis XIV. Qual a ligação entre estes fatos: melancolia, Jeanrenaud, Louis XIV e imaginar viver na China?

Parece-me que os fatos contrários à religião podem fornecer uma resposta. O conteúdo desses fatos concerne obviamente, porque escrito no texto, à cronologia que Voltaire[20] usa muito para combater o "infame" demonstrando a absurdidade dos cálculos derivados da Bíblia, e é exatamente isso que diz o marquês: *Os anais remontam incontestavelmente a épocas mais recuadas que os tempos mitológicos ou bíblicos* (p. 487). Sentido que aparentemente nos afasta de Louis XIV, mas que traz a vantagem de fazer do marquês um homem de antes da Revolução, apesar das datas. Os 50 anos que Balzac lhe impõe em contradição com ele próprio vai no mesmo sentido (a referência a Grosier também). Todavia, pode se dar outro conteúdo a estes fatos, diretamente ligados ao grande século, no que diz respeito à "Querelle des rites" que se desenvolve ao longo do século XVII e ocupa ainda boa parte do século XVIII, já que a bula papal, desfechando definitivamente a questão, só será emitida em 1742. Os adversários dos jesuítas, e mesmo alguns deles, reclamavam que os missionários jesuítas se tornavam chineses. Uma escolha que muitos, na Europa mas também na China, religiosos de outras confrarias achavam altamente suspeita. Entre as reclamações, a questão do culto aos ancestrais (mas também do culto de Confúcio, "patrono" dos letrados) seria a mais controvertida[21].

Os jesuítas da China defendiam a idéia de um ritual meramente civil, de um costume similar ao culto dos mortos na França (visitas aos túmulos, piedade, tristeza) que lhes permitiam, sem ofender

20. Cf. Voltaire, *Dictionnaire encyclopédique*, verbete *Histoire*, entre outros.

21. Etiemble in *L'Europe chinoise*, Gallimard, 1988, t. 1, p. 280-307, fornece os elementos essenciais a respeito e uma bibliografia impressionante. Até Pascal participou do que foi mesmo uma guerra. Em *Les Provinciales* (5ᵉ Lettre) ele acusa os jesuítas de proteger a superstição.

seus hóspedes, operar alguns paralelos favoráveis ao cristianismo. Seus adversários consideravam que isso não passava de superstição e que os mortos eram honrados como deuses. Como se sabe, em 1715, a primeira bula *Ex Illa Die* ordenava que os religiosos abandonassem toda prática supersticiosa (mas sem defini-las). A bula de 1742, *Ex quo singulari*, decretará que todos os costumes chineses são supersticiosos. Se o papa demorou para tomar essa decisão, a Sorbonne, sempre adiantada, já havia condenado o culto dos ancestrais desde 1700[22].

O marquês praticaria então o culto dos ancestrais. Na verdade, mesmo que indiretamente, é exatamente o que ele faz segundo testemunha a educação de seus filhos, da qual o narrador ressalta "a raça": a graça, sem dúvida, mas também a sobrançaria, a dignidade, o orgulho, um certo *noli me tangere*, conjunto de termos apoiando a digressão do narrador sobre a crença de pertencer a "une race privilégiée". Crença confirmada pelo comportamento ao chegar e saudar friamente o juiz (p. 488).

O marquês põe em prática o culto dos ancestrais já que pretende resgatar (no plano moral e financeiro) as faltas cometidas pela indelicadeza da família d'Espard. Eis por que o marquês é realmente chinês. Ele acha que a linhagem e o nome (escrito nas tabuletas dos altares na China, inscrito no brasão na França) são o essencial da herança que ele recebeu e que vai transmitir para os filhos: *Eu não quis que meus filhos pudessem pensar de mim o que pensei de meus pais e de meus avós; eu quis lhes deixar uma herança e brasões sem mácula, não quis que a nobreza fosse uma mentira em minha pessoa* (p. 484). Mais chinês ainda devido ao fato de que se conduz em conformidade com a retroatividade do enobrecimento que Balzac salientará nos artigos de 1842. Na China, com efeito, o bom comportamento dos filhos redunda nos ascendentes.

Poderia acrescentar-se que essa reverência a respeito do nome (do brasão) e dos ancestrais não é o único elemento que associa

22. St-Simon o relata em suas *Mémoires* citadas por Etiemble, op. cit., p. 306-7.

ritos e século XVII, já que a fortuna da família d'Espard provém de uma outra queda de ritos, opondo católicos e protestantes, e que assim a questão chinesa se desloca rumo às guerras de religião e à revogação do *Edit de Nantes*.

Em todos os casos, a *Querelle des rites* se fechou em detrimento dos jesuítas e de sua defesa do culto dos ancestrais. Isso significa que a referência chinesa aponta para a condenação do marquês? Parece-me que sim. E se voltamos à estruturação do texto, podemos justificar essa posição.

A narrativa funciona, com efeito, sobre uma série de paralelismos entre as personagens. Por um lado, entre o juiz e o marquês, ambos homens de um outro tempo; por outro, entre a marquesa e seu esposo, como observa explicitamente o narrador: *O senhor D'Espard era fidalgo, e sua mulher era uma grande dama: dois tipos magníficos...* (p. 475), que a organiza através de identidades e oposições. A mesma cor é escolhida para as duas moradias – o vermelho-escuro –, mas a primeira (a da marquesa) é vista à noite (luz artificial, espaço essencialmente social) e a segunda (a do marquês), pela manhã, com as janelas abertas sobre um jardim (espaço natural). Os qualificativos são idênticos: "propreté exquise", mas com esta nuance particular do marquês: a suavidade. Na sala da marquesa como na casa do marquês a China ocupa um certo espaço. No primeiro caso, de um modo socialmente aceitável: a decoração testemunha de uma circulação do dinheiro e de despesas feitas no presente em prol do futuro (dívidas ligadas ao futuro dos filhos, como diz a marquesa, ao seu futuro como bem entende o leitor que conhece as suas ambições). Ela participa portanto de um certo exibicionismo (a mansão é feita para ser vista) e de um egoísmo profundo, mas que pode apresentar certa utilidade social.

Ao contrário, na casa do marquês a China não é ostentada. Ela é fruto de um saber socialmente inaceitável [pois parece repousar sobre um excesso[23], participar do incompreensível (loucura), e nes-

23. Em *Beatriz*, por exemplo, quando Camille Maupin descreve a personagem epônima, ela realça sua afetação justificando-a pelo fato de que sempre parecia saber as coisas difíceis, *o chinês ou o hebreu*, Pléiade II, p. 714.

se plano, quando Anne Marie, 13 anos[24], manifesta a hipótese que o chinês expressa o fato que o marquês fala uma linguagem que ninguém entenda, exceto o juíz, acrescentaríamos, ela tem perfeitamente razão]. A circulação monetária é desviada (as despesas são feitas pela família Jeanrenaud, enquanto o marquês vive como um homem arruinado). Além disso, as despesas presentes são ligadas ao passado (aquele da dívida, mas também aquele de Nouvion) mais que ao presente, mesmo se o marquês lhes dá uma justificativa futura (mas expressa pelo passado "j'ai voulu", enquanto os passados da marquesa terminam num futuro: "ils trouveront"). Enfim, o mundo do marquês é um mundo secreto: o apartamento onde ninguém entra.

Embora o marquês, e o juíz o confirme, lúcido apesar de sua simpatia por ele, ponha em perigo a sociedade com a sua intransigência. O seu comportamento pode ser "sublime", ele é perigoso para a própria estabilidade (*il se trouverait peu de propriétés légitimes*, p. 449) e, para dizer a verdade, completamente inútil. A sua percepção da nobreza não tem sentido, não pode mais ter sentido. A *A comédia...* inteira o condena: a rica educação dos filhos não serve de nada num mundo no qual os homens políticos se chamam de Marsay ou Rastignac. O próprio marquês só existe nessa história, mesmo que ela seja lembrada em seis romances, ora como exemplo, ora como referência, ora como ameaça (em *Le Cousin Pons*). Em compensação a marquesa está presente em 21 textos, a maior parte do tempo de uma maneira ativa.

L'Interdiction e a China permitem revelar a origem imoral da fortuna, condená-la e, ao mesmo tempo, afirmar a inutilidade, até mesmo o perigo, de uma reparação que pertence ao sonho de uma santidade fora deste mundo, como o aperto de mãos entre os dois protagonistas o comprova, *como se duas luzes puras se tivessem confudido*, diz o narrador (p. 491): o passado é o passado e os ancestrais devem voltar ao seu lugar, a superstição. Infelizmente, e felizmente, é a marquesa d'Espard quem tem razão, ela *que teria*

24. Anne-Marie Baron, "Le Colonel Chabert el *l'Interdiction* ou les phantasmes d'un romancier" in *L'Ecole des lettres*, n. 3, 1°/nov./1994, p. 63-73.

suportado sem pruridos a conduta de meu avô, e que teria zombado dos huguenotes, como diz o marquês. E é verdade que a marquesa é julgada com severidade na maioria das obras em que ela aparece, mas ela é uma personagem potente e forte, igual à sua amiga Diane de Maufrigneuse, que por sua vez analisou corretamente a sua época e o explicava vigorosamente para os D'Esgrignon: *Estais, pois, louco aqui? Desejais continuar no século quinze quando estamos no dezenove? Meus caros filhos, não há mais nobreza, agora só há aristocracia* (p. 1092)[25]. E para Diane, o que justamente define esta aristocracia é a sua capacidade de "lavar", como se diz hoje, um dinheiro sujo (sujo porque resultado de acumulação rápida de capital, geralmente relacionado à especulação financeira): *Desposai a quem quiserdes, Victurnien, enobrecereis vossa mulher, aí está o mais sólido dos privilégios que restam à nobreza francesa.*

Da mesma maneira, uma outra personagem, o jovem Portenduère reconhece isso após sair da prisão por causa de dívidas, quando o doutor Minoret lhe pergunta se ele *arrancou a pele da velha nobreza que não é mais admissível atualmente...* A resposta é imediata: *não há mais nobreza atualmente, só há uma aristocracia* (*Ursule Mirouët, Pléiade III*, p. 887).

Essas duas personagens expressam uma verdade, pois a obra recompensa a sua lucidez dando-lhes o direito à felicidade amorosa (caso relativamente raro na obra de Balzac) e Diane amará e será amada por d'Arthez, o modelo do homem superior em *A comédia...*

Que tal situação seja deplorável no plano humano (do indivíduo) é o que diz *L'Interdiction*, mas que deve aceitar-se no plano social como um fato, o texto também diz: é proibido olhar para trás. O máximo que se pode fazer é o que faz o juíz: resolver os dramas mais patentes do dia-a-dia, saber que toda riqueza se assenta sobre iniqüidades cujo remédio seria pior que o mal, já que dentro de cada miserável se esconde uma semente de revolução, exatamente

25. As ditas crianças sendo a tia do jovem D'Esgrignon, velha solteirona de 47 anos, e o tabelião da família, que tem 69 anos. Mas "crianças", por não terem entendido ainda as novas regras do jogo social.

o que vê Bianchon na sala do juíz, uma *réunion horrible, dont l'aspect inspirait le dégoût, mais qui bientôt causait une sorte de terreur au moment où l'on s'apercevait que, puremente fortuite, la résignation de ces âmes, aux prises avec tous les besoins de la vie, était una spéculation fondée sur la bienfaisance* (p. 438).

O mito que sustenta *L'Interdiction* bem poderia ser o de Somoda e Gomorra: olhar para trás transforma em estátua de sal e impede de andar. Aliás, o marido falecido da madame Jeanrenaud tinha por profissão dirigir barcos transportando sal... Mas a insistência sobre o ano de 1816 já o dizia, talvez mais implicitamente: as restaurações não têm sentido. A história só se escreve no futuro apesar de se narrar no passado. A própria China é testemunha disso; sua estabilidade, sua negação das mudanças, a põem em situação de inferioridade: primeiro de inferioridade militar, perante o Ocidente, como se podia ler nos relatos da embaixada liderada por Mac Carthney (1793), depois nos de Amherst (1816), como nos primeiros confrontos da guerra do ópio (1834). Assim aconteceu, mesmo que Balzac não quisesse aceitá-lo de um modo consciente, pois nos artigos de 1842 ele transmite ao mesmo tempo a realidade, o fato de os ministros chineses "enganarem" o imperador sobre a relação de forças entre a China e os estrangeiros e o desejo que ele tem de ver a China derrotar a Inglaterra.

Assim, esta breve narrativa, que parecia a glória da justiça, melhor ainda a glória da eqüidade, descreve a profunda injustiça na qual vivem as sociedades. Todas as fortunas se enraízam numa iniqüidade, não episódica (a de uma família, de uma época, seja dos tempos de Louis XIV, seja da Revolução ou do Primeiro Império) mas constitutiva e sem remédio. Para uma madame Jeanrenaud salva da miséria, quantos outros perdidos para que, globalmente, a riqueza dos Estados aumente? Esta visão social é dolorosa quando vista pelo juíz Popinot, mesmo que ele se recuse a pensar em outras soluções que não a caridade cristã. Ela também pode ser cínica quando defendida por um Vautrin, mas madame d'Espard não está longe disso, e até a meiga Henriette de Mortsauf não a vê de maneira diferente. Dolorosa ou cínica ela se impõe na obra toda, e para amenizá-la só resta a literatura. *Madame Firmiani*, por exemplo, é também uma história feliz de restituição. Até as personagens percebem isso, já que madame Jeanrenaud aplaude o juíz, dizendo: *O senhor fala como um livro.*

A introdução da China na narrativa permite também relacionar o problema da imoralidade essencial das fortunas particulares tanto ao problema mais íntimo quanto ao social: a relação de filhos e pais. Poderia até se dizer que a China funciona nesta narrativa como o inconsciente, já que ela permite a coabitação do contraditório, ao mesmo tempo que a piedade filial e sua impossibilidade. Após este texto, nunca mais se sonhará com uma justiça final. Se em *Madame Firmiani* (1832) o herói pode livrar-se da culpabilidade restituindo a fortuna roubada pelo pai, após *L'Interdiction*, este sonho nunca mais poderá realizar-se. Restaram as fortunas conquistadas com o sofrimento e o sangue... dos outros. O preço das mudanças é elevado e traz culpa, mas se essa culpa deve ser lembrada, ela deve também ser esquecida. É proibido não conhecê-la e ao mesmo tempo conhecê-la. As personagens (tanto quanto o leitor) devem viver com esta aporia: os filhos devem e não podem se sentir responsáveis pelos atos dos pais. Os filhos devem e não podem matar os pais. Não sei se Freud leu Balzac, mas se tivesse lido teria gostado muito.

A China é tão relacionada com a problemática da filiação que Balzac, em 1842, no começo dos artigos que escreveu a respeito do livro de Borget estabelece a relação entre a China, ele e seu próprio pai. A China foi um espaço conflituoso entre o pai e o filho. *Eu sempre enfurecia aquela pessoa à qual eu devia, segundo as leis chinesas, um respeito tão grande que ela é quase sagrada, quase divina...* O problema era uma questão de interpretação de herança: o jovem Balzac, *por espírito de contradição*, achava que os *magots* representavam, de maneira realista, os chineses; em outros termos, a China era para ele o espaço do grotesco e do engraçado, da brincadeira, enquanto o pai, "*ele adorava este povo estranho*", só queria admitir, como o marquês, a grandeza de um povo com instituições tão impressionantes que algumas foram modelo para a Europa; por exemplo os concursos para o funcionalismo público.

Assim, pode-se concluir que a piedade filial não parou de dar forma à visão chinesa de Balzac como homem e como escritor, mas o próprio texto sabe muito bem o que faz associando China e loucura. Ele fala o que provavelmente se pensa com muita dificuldade ainda em 1835 (malgrado 1830): que o funcionamento social pode ser amoral, senão imoral, mas que a Revolução marca definitivamente e sem retorno (nem possível nem desejável) a sociedade. Nossos sentimentos, nossa ética podem muito bem considerar o marquês como respeitável, ainda assim ele será condenado pela história, o futuro será construído pelos Rastignac e pelas marquesas d'Espard. Pior ainda, e tanto melhor![26] Eis por que o marquês deve ser interditado e por que sua paixão chinesa realmente é uma loucura.

26. Bernard Guyon escreveu, segundo nos parece, com *La Pensée politique et sociale de Balzac*, Armand Colin, 1967, a mais fascinante e pertinente análise dessas contradições nas quais evoluem, desde o início, os textos de Balzac, e que ele conclui com a frase a seguir, que fazemos nossa: "Essa hesitação fundamental [entre os impulsos de seu coração e as exigências de sua razão] dá à sua obra um significado freqüentemente equivocado; mas lhe confere também um caráter profundamente patético que é um de seus valores mais perenes."

De L'Utilite de la Chine

*Anne-Marie Grand**

Je ne crois pas aux dénouements, dit Mme de la Baudraye, il faut en faire quelques-uns de beaux pour montrer que l'art est aussi fort que le hasard; mais, mon cher on ne relit une œuvre que pour ses détails.

Un prince de la bohème, *1839-1845*

L'univers construit par Balzac avec *La Comédie humaine*[1] propose à ses lecteurs un dense réseau de personnages se mouvant dans un cadre géographique qui est lui-même un réseau, assez semblable à celui des chemins de fer français: toutes les voies mènent à Paris. Privilégiant la France, cette géographie dessine une opposition Paris/Province dont notre imaginaire vit encore à la fin du XXe siècle[2]. Pourtant, ce qui existe au-delà des frontières n'est pas absolument absent. Soit parce que Paris accueille divers étrangers (Polonais comme le comte Laginski et son alter ego ou Wenceslas Steinbock, Alle-

* Docteur en Lettres et professeur au Lycée Pasteur, São Paulo.

1. Toutes le références à l'œuvre de Balzac renvoient à l'édition de la Pléiade procurée par Pierre-Georges Castex.

2. Voir Nicole Mozet, *Balzac au pluriel*, PUF, 1990, qui en propose une intéressante analyse.

mand comme le musicien Schmucke, Portugais comme Ajuda-Pinto ou la duchesse de Grandlieu, etc.) sujets ou figurants de divers récits; soit parce que les personnages partent à l'étranger. Deux raisons à ces départs: se cacher pour vivre heureux, généralement en Suisse comme Mme de Bauséant et Gaston de Nueil ou la Princesse de Cadignan et d'Arthez, mais le cas est rare; le plus souvent, aller faire fortune. Où part-on faire fortune? En Asie.

L'Asie balzacienne est un vaste espace indifférencié où voisinent la Chine et l'Inde, la Malaisie et Java mais aussi ce que nous nommons le Moyen-Orient, voire l'Afrique du nord et, ce qui est plus surprenant pour nous, les Amériques. Non que Balzac ait eu des méconnaissances géographiques si étonnantes, mais parce que les pays américains participent d'un fantasme oriental dont Pierre Citron a montré de longue date (1986, *Dans Balzac*) le fonctionnement. *La Fille aux yeux d'or* (1834-35) en fournit les plus riches éléments, sur le plan romanesque, mais Balzac lui-même en a souligné la dimension fantaisiste (et fantasmatique) en 1842, dans son compte rendu du livre de Borget *La Chine et les chinois*[3] d'une façon certes plus sérieuse, mais peu différente quant au fond, de sa pochade de 1832 « Voyage de Paris à Java ». C'est ce fantasme qui contamine peu ou prou l'ensemble de la géographie mondiale.

Il suffit pour s'en assurer de songer au personnage du Brésilien introduit dans *La Cousine Bette* (1841). S'il devient l'instrument de la vengeance, le *deus ex machina* de l'histoire, c'est moins pour avoir été présenté comme Othello (encore que le personnage du Maure comme la jalousie et la vengeance qu'il incarne soient bien des caractéristiques de l'Orient balzacien) que pour être une arme que sait activer Mme de Sainte Estève, la tante de Vautrin, justement surnommée Asie dans *Splendeurs et misères des courtisanes* (1845). Dans ce dernier roman, Esther lui extorque, par complice interposée, une perle noire contenant un étrange poison dont elle meurt. Ce poison, quoique fulgurant, lui, n'en a pas moins beaucoup de points communs avec la

3. Compte rendu de lecture paru dans les 14, 15, 17 et 18 octobre dans *La Législature*. Borget avait été présenté à Balzac par Zulma Carreau. Il était venu se loger dans la même maison que Balzac en 1833, rue Cassini. Il part en Chine en 1836 et en revient en 1840.

maladie à effet retardé qu'inocule le Brésilien à Valérie Marneffe. Dans les deux cas, il faut un intermédiaire, il y a mystère, violence et irréversibilité puisque la médecine occidentale est impuissante face à un inconnu qui défie sa science; dans les deux cas c'est le sexe qui tue, indirectement ou directement[4]. Quant à la manière de vivre au Brésil de ce M. Henri Montès de Montéjanos, *arrière-petit-fils d'un des conquérants du Brésil*, elle répond aux critères de l'Orient balzacien: toute puissance et enfermement. Il est roi, il est czar: *J'ai acheté tous mes sujets, et personne ne sort de mon royaume* (Pléiade VII, p. 415).

Il n'est jusqu'aux Etats-Unis mêmes qui ne conservent quelque chose de l'Orient: la valeur très relative de l'homme, sans compensation onirique, il est vrai.

Cet ailleurs, à la fois bénéfique et maléfique, doit donc permettre aux personnages balzaciens de s'enrichir rapidement. Il arrive que cette espérance se réalise comme dans *Modeste Mignon* (1844), *Eugénie Grandet* (1833), *La Femme de trente ans* (1834), qu'elle soit proposée en expectative comme dans *Le Contrat de mariage* (1835) et le lecteur ignorera toujours le destin de Paul de Mannerville, ou qu'elle échoue comme dans *La Cousine Bette* où les calculs du Baron Hulot, malgré leur logique, seront déjoués.

Il arrive que les personnages en reviennent, riches ou non, mais radicalement changés, endurcis (de manière négative au sens où ils y ont perdu toute sensibilité, ce qui par ailleurs n'est pas sans avantage pour maîtriser les nouvelles règles du jeu social) comme Philippe Brideau dans *La Rabouilleuse* (1841-42) ou Charles Grandet.

Quelquefois, le départ pour l'étranger a pour objectif de rédimer le personnage par la valeur militaire et l'Algérie s'y prête, en ces débuts de colonisation (*Un Début dans la vie* ou *Ursule Mirouët*.) L'Algérie, marge orientale et marge en voie de perversion, entre l'enfer de l'occident et le paradis de l'orient, joue le rôle d'un purgatoire, ce que confirment aussi bien le comportement de personnages comme celui d'*Un Début dans la vie*, qui s'y rachète, que la nomination de Marneffe, présentée (et vécue par le personnage) comme une sanction, dans *La Cousine Bette*.

---

4. Fantasme qui est lui-même au cœur du « Voyage de Paris à Java ».

Mais si l'Ailleurs possède *grosso modo* les mêmes caractéristiques et les mêmes fonctions, un pays se détache cependant et accède une certaine individualité: la Chine.

Si l'on y va bien faire fortune, à la différence du reste du monde, sa présence est plus générale puisqu'elle se retrouve à divers niveaux, dans l'espace romanesque, tant à Paris qu'en province.

Les moyens qu'elle fournit aux gens pressés de s'enrichir tiennent en un mot: opium. C'est Charles Mignon, dans la lettre annonçant son retour, qui en explicite le programme[5]. Ruiné, il part en Asie, où il séjourne 7 ans au bout desquels il revient nanti de 7 millions (p. 556-557):

> *J'ai fait le commerce de l'opium en gros pour des maisons de Canton, toutes dix fois plus riches que moi. Vous ne vous doutez pas, en Europe, de ce que sont les riches marchands chinois. J'allais de l'Asie mineure, où je me procurais l'opium à bas prix, à Canton où je livrais mes quantités aux compagnies qui en font le commerce. Ma dernière expédition a eu lieu dans les îles de la Malaisie, où j'ai pu échanger le produit de l'opium contre mon indigo, première qualité.*

A ce régime, il n'a mis que deux ans à acquérir son propre bateau, un *joli brick de 7 cents tonneaux.* Ajoutons que l'indigo a l'avantage sur tout autre marchandise de permettre de « n'y voir que du bleu ». Le projet du personnage, en effet, consiste à abandonner le commerce, racheter les terres de ses ancêtres et reconstituer la noblesse dont il est issu en redevenant comte de la Bastie. Ce qui ne peut s'accomplir qu'en voilant discrètement l'origine des millions permettant cette réussite.

D'autres romans feront écho à ce type d'entreprise avec moins d'indulgence pour un commerce guère plus honorable que la traite des hommes sur laquelle Charles Grandet[6] assoiera sa fortune. Dans

5. Si le roman est tardif, 1844, il est inséré dans *Les Scènes de la vie privée* dont il est le 5ᵉ texte.

6. On notera l'identité de prénom entre les deux personnages qui n'est certainement pas fortuite étant donné le souci onomastique de Balzac pour ses personnages.

La Fausse maîtresse (1841), il est fait mention d'un *philanthrope* anglais que Paris ruine et tue, avec ce commentaire: *ce philanthrope faisait le commerce de l'opium.* Quant à Nucingen, dans *Splendeurs...* s'il renonce à s'y intéresser, ce n'est pas pour des raisons morales mais simplement parce qu'il s'agit d'une chasse gardée du gouvernement anglais.

Si bien que la Chine, sous le rapport espace/fortune, explicite l'immoralité foncière d'une accumulation rapide du capital, ainsi que le réitèrent avec constance de multiples récits de *La Comédie humaine.*

Mais à l'encontre d'autres pays, sa présence ne se borne pas à rendre possible de soudaines et colossales fortunes. Présence constante, quoique discrète, elle fournit images et références aux narrateurs des divers récits. Les portraits, en particulier, empruntent à sa peinture des éléments de description hyperbolique (le sourcil souvent, mais aussi le modelé du visage, mais encore la transparence de la peau, sans compter l'art des coiffures) de la beauté éthérée de jeunes filles ou de femmes, aussi bien que de la beauté délicate et ambiguë de certains jeunes hommes, témoin Lucien de Rubempré. Eventuellement, mais rarement, la référence picturale servira à faire imaginer l'inquiétant, l'indescriptible monstrueux[7].

Aucun intérieur raffiné ne peut se dispenser de la présence d'objets d'art ou d'artisanat chinois (*Modeste Mignon, Ursule Mirouët, Splendeurs et misères des courtisanes*): le salon de Mme Mignon *offre aux regards les merveilles d'une peinture imitant les laques de Chine. Sur des fonds noirs encadrés d'or, brillent les oiseaux multicolores, les feuillages verts impossibles, les fantastiques dessins des Chinois.* (Pléiade I, p. 476) comme la *jolie* salle à manger du Dr Minoret est *décorée de peintures chinoises en façon de laque* (Pléiade I, p. 850) ou comme encore dans l'hôtel où Nucingen installe Esther, *l'étoffe des rideaux est une soierie achetée à Canton où la patience chinoise avait su peindre les oiseaux d'Asie avec une perfection dont le modèle n'existe que sur les vélins du Moyen Age, ou dans le missel de Charles Quint, l'orgueil*

7. Il est d'ailleurs amusant de constater que ceci contredit ce que Balzac racontera dans ses articles de *La Législature*, déjà cités, où son premier intérêt pour la Chine s'adressait au grotesque, au monstrueux, justement.

de la bibliothèque impériale de Vienne[8] (Pléiade VI, p. 618). Les babioles qui s'accumulent dans les salons réservent toujours une place à quelques « chinoiseries » pouvant à l'occasion être dépréciées lorsqu'elles encombrent les vitrines des marchands de curiosités ou qu'elles témoignent d'une mode passée comme dans le salon de la baronne d'Aldiger (*La Maison Nucingen*, 1838). La Chine vient donc apporter sa caution aux signes du luxe.

Enfin, le terme « chinois » est de rigueur chaque fois qu'il est nécessaire de désigner un personnage perçu comme pervers et/ou incompréhensible mais toujours dangereux (Cristemio ou Peyrade déguisé en lord anglais, par exemple). Cette acception du terme est attestée dans la langue dès 1820; populaire et de connotation injurieuse, le mot trouve place aussi bien dans la bouche de de Marsay que dans celles des prostituées, mais aussi dans celle du du juge Popinot évaluant le manque de finesse de Godeschal par ces mots: [il] *n'est pas très Chinois* (*L'Interdiction*, Pléiade I, p. 448).

L'évocation de la Chine déborde ainsi l'imaginaire de l'ailleurs pour témoigner d'une mode qui perdure avec des fluctuations, en cette première moitié du XIXe siècle, car si Mme de la Baudraye (*La Muse du département*, 1843) dans les années 20, à Sancerre, s'intéresse au Moyen Age, à la fin des années 30, vivant à Paris, elle est passée aux « chinoiseries ».

Mais il existe un texte, *L'Interdiction*, dans lequel la Chine occupe une place plus importante et bien particulière. Si elle y relève à la fois de la question de l'origine des fortunes, du luxe, elle justifie aussi le cadre médical, «démence et imbécilité», en vertu duquel Mme d'Espard voudrait faire interdire son époux.

Se contenter de voir là, dans la référence chinoise, un simple reflet de la mode, demeure insuffisant pour la raison qu'en tant que tel, il est inscrit dans le récit lorsque le juge remarque chez la mar-

---

8. Cette comparaison a un intérêt tout particulier en ce qu'elle associe art chinois et enluminure et donc la Chine et le livre. Ce savoir des Chinois en matière d'imprimerie est rapporté en détail au début des *Illusions perdues*. On comprend qu'un pays pour lequel l'écrit est sacré ait toujours fasciné les écrivains, Balzac n'est pas le premier dans ce cas et ne sera pas non plus le dernier.
Par ailleurs, ces mêmes rideaux se retrouveront chez Mme Rabourdin dans *Les Employés* où ils témoigneront à la fois de son origine et de sa culture.

quise d'Espard les curiosités entassées sur la cheminée (p. 458), *précieuses babioles* dont il souligne ironiquement la présence: *Si le marquis d'Espard est fou de la Chine* [...] *j'aime à voir que les produits vous en plaisent également. Mais peut-être est-ce à M. le Marquis que vous devez les charmantes chinoiseries que voici.* (p. 466)

Comment alors rattacher Chine et folie? Quel lien faut-il nouer entre origine des fortunes et folie? Pourquoi et comment ce pays peut-il particulièrement témoigner de la folie du marquis?

Pour tenter de répondre à ces questions, il nous sera peut-être permis de faire un détour par les conditions de publication de l'œuvre. Le texte a été écrit au début de l'année 1836 pour paraître en feuilleton dans la *Chronique de Paris*, journal dont Balzac était devenu propriétaire en janvier 36. La même année, il est repris en volume dans la 2e livraison des *Etudes philosophiques*.

Dans l'édition de *La Comédie humaine* (1844), il prend place dans le tome Il des *Scènes de la vie parisienne*, mais dans le plan de 45, modifié en 47, Balzac le destine aux *Scènes de la vie privée*, place qu'il occupe dans les éditions contemporaines après *La Messe de l'athée* (1836) et avant *Le Contrat de mariage* (1835).

Ces localisations successives dans l'œuvre, qui ne sont pas rares chez Balzac, peuvent suggérer quelques indications de lecture. D'avoir été classée dans *Les Etudes philosophiques*, la nouvelle conserve en filigrane l'idée qu'elle appartient à un ensemble *où le moyen social de tous les effets se trouve démontré, où les ravages de la pensée sont peints, sentiment à sentiment*[9], qu'elle se situe dans une perspective plus généralisante que l'étude de mœurs. Par ailleurs le modèle de *La Peau de chagrin* invite à chercher le mythe que recèle le récit. Dans une lettre à Eva Hanska du 26 oct. 1834, Balzac écrivait: « *dans les Et[udes] philosophiques, je dirai pourquoi les sentiments, sur quoi la vie*[10]*; quelle est la partie, quelles sont les conditions au-delà desquelles ni la société, ni l'homme n'existent.* » (cité par Castex, p. XIV, Pléiade I) et l'écrivain ajoute qu'à ce niveau-là, il s'agit de juger la société.

9. Avant-propos de *La Comédie humaine*, Pléiade I, p. 19. Balzac y insiste sur le rôle de La Peau de Chagrin, comme médiation entre les *Etudes de mœurs et les Etudes philosophiques*, par le biais du mythe.

10. Souligné par l'écrivain lui-même.

Scène de la vie parisienne, le texte l'est sans aucun doute, à plus d'un titre, à la fois parce que les procès en interdiction étaient nombreux à l'époque, parce qu'il autorise un point de vue sur le fonctionnement de la justice à travers le personnage de Popinot, aussi parce qu'il fait partie des rares textes où la misère soit montrée. Mais l'auteur décide finalement de le classer parmi les œuvres, disait-il, concernant les débuts dans la vie, *l'enfance, l'adolescence et leurs fautes*[11], ce qui ne correspond guère aux personnages (le marquis a 50 ans, le juge est plus âgé encore, ni Bianchon ni Rastignac n'en sont à leurs débuts, la scène se déroule en 1828, la marquise règne sur Paris depuis 7 ans et leurs enfants n'ont qu'un rôle de figurants) mais si nous choisissons le terme «origine » pour définir ces scènes, il devient possible de comprendre mieux où nous conduit *L'Interdiction* et pourquoi la monomanie du marquis ne pouvait être que chinoise.

En choisissant de situer ce texte entre *La Messe de l'athée* et *Le Contrat de mariage*, Balzac lui a donné par ailleurs d'autres résonnances. Le premier récit a pour narrateur Bianchon et pour thème apparent la reconnaissance. Un pauvre porteur d'eau auvergnat aide le grand Desplein à faire ses études si bien que la réussite de ce dernier et sa fortune sont dues au sacrifice d'un pauvre, d'un misérable dirait Hugo, mais auquel, en compensation, Desplein voue un respect filial qui conduit cet athée à assister tous les ans à une messe. *Le Contrat de mariage*, quant à lui voit une femme dépouiller entièrement son mari de sa fortune et s'en débarrasser en l'envoyant aux Indes. De l'assise d'une réussite sociale sur le sacrifice, certes volontaire, d'un pauvre au vol légal d'une fortune par une femme vindicative, la trajectoire dans laquelle se trouve incluse *L'Interdiction* pourrait inviter à s'interroger sur la valeur du terme « interdiction » choisi comme titre, par delà son sens purement juridique. Qu'est-ce qui est ici interdit? Quoi, plutôt que qui.

Dans tous les cas, ces glissements d'un ensemble à un autre, comme l'inversion de la chronologie de rédaction invitent à multiplier les lectures et à considérer le déplacement comme facteur de sens.

---

11. Ibid., p. 18

Scène de la vie privée donc, *L'Interdiction* se situe bien dans une problématique de l'origine. D'abord en raison de son thème: l'origine d'une fortune (celle de la maison d'Espard), ensuite et surtout en raison de sa structure. Cette nouvelle, courte (72 p. dans l'édition de référence), souligne par sa brièveté même, l'importance accordée au passé. Plus d'un quart du texte est consacré à le rappeler à travers descriptions et narrations sans compter que tous les dialogues (et ils occupent la moitié du texte), ayant pour but d'établir la vérité, sont des interrogatoires destinés à le faire surgir. Le récit, de plus, est construit en 7 « sections » (ou séquences) chronologiques. Le temps de l'histoire s'il n'est pas absolument rigoureux – la temporalité devient floue entre la 5e et la 6e section – est malgré tout souligné par l'auteur qui fait tenir l'événement en une semaine, d'un vendredi à un vendredi. Ne serait-ce pas là signifier au lecteur qu'il pourrait y lire une mise en place du monde? Un chaos dont il faut faire un ordre ou un ordre qui dévoile son chaos originel? N'y retrouverait-on pas la question des conditions d'existence du social?

D'un autre côté, cette apparente rigueur du cadre se dissout lorsqu'il s'agit d'aborder le passé et l'histoire des personnages. L'événement a lieu en 1828. Mais les références faites au passé et à l'âge des protagonistes sont fluctuantes. La marquise a 33 ans *sur les registres de l'Etat civil* (p. 451) mais elle a 22 ans en 1816, lorsque son mari la quitte et elle en aurait eu 16 au moment de son mariage en 1812. Détail, certes. Mais ce même détail affecte le marquis qui a 26 ans au moment de son mariage et 50 ans au moment du récit.

Une date cependant fait pivot, celle de 1816. C'est en 1816 que le juge Popinot découvre *de visu* la réalité de la misère. C'est en 1816 que le marquis prend la décision de restituer la fortune « volée » par ses ancêtres et se sépare de sa femme. 1816 marquant pour le juge et pour le marquis la découverte du « réel » et leur similaire insoumission à son égard, le juge par sa charité active, le marquis par son intransigeance face à la souillure.

L'Histoire, pour n'être pas directement présente n'en affecte pas moins les personnages. 1816 est par ailleurs, l'année où, quittée par son mari, la marquise se retire du monde pour surgir, à nouveau, dans le ciel parisien en 1820 et conquérir en un an sa royauté de

« femme à la mode » dont elle joue savamment en fonction de ses ambitions politiques.

Dates et chiffres travaillent, en apparence, du côté de l'illusion référentielle, mais leur manque de rigueur dit aussi à quel point ceci est secondaire dans l'économie du récit et sans doute ne faut-il y voir que le pur signe de la chronologie: le présent est issu d'un passé irréversible. Banalité? Voire...

Qu'en est-il donc de ce récit? Il met aux prises trois protagonistes essentiels: la marquise d'Espard, le marquis et le juge Popinot. Deux personnages secondaires y jouent cependant un rôle non négligeable: Rastignac et Bianchon. Le premier sert d' « embrayeur » à la fable parce que son ambition trouverait son compte dans une association avec la marquise dont il reconnaît la force politique. Le second joue le rôle d'intermédiaire en mettant en relation la marquise et le juge dont il est le neveu. Mais il est aussi celui qui propagera l'histoire, devenant l'instrument du dénouement grâce au récit transmis, plus tard, dans *Splendeurs et misères des courtisanes*. Bianchon, en effet, racontera l'anecdote à Lucien qui la rapportera à M. de Sérizy grâce auquel les manœuvres de la marquise échoueront (ce rôle de Lucien sera évoqué trois fois et il y aurait peut-être lieu de s'arrêter sur cette mise en abyme dans un roman où il est aussi question d'une tentative de fortune, immorale, puisqu'elle est le résultat de la volonté d'un bagnard par l'exploitation de la prostitution et où la marquise est la pire des ennemis de Lucien).

Ainsi cette nouvelle se conclut-elle deux fois, de manière contradictoire. Dans *L'Interdiction*, tous les indices plaident en faveur de la réussite de la marquise, et pas seulement parce que Popinot est dessaisi de l'affaire et remplacé par l'ambitieux Camusot, mais aussi parce que le narrateur souligne l'importance dos petits événements sur les grands: le juge, malade, remet au lendemain la visite au marquis car il est *incapable de soupçonner la gravité d'un délai*, situation comparée à celle de la Journée des Dupes (p. 470)[12], enfin parce

12. La comparaison avec cette journée du 11 novembre 1630 où les adversaires de Richelieu se découvrirent « dupés » puisqu'au lieu de le renvoyer, le roi le confirmait dans son pouvoir est loin d'être innocente en ce qu'elle situe la problématique de cette anecdote toute privée, en apparence, dans un contexte qui est celui de la politique et du pouvoir.

que comme nous le verrons, toute la logique du récit conduit à ce résultat. Ce que confirme d'ailleurs un texte de la même année, *La Vieille fille*, où le rhume du juge, entre autres exemples, sert de référence pour justifier comment des incidents, en apparence anodins, peuvent aboutir à des résultats catastrophiques. De même que *Le Contrat de mariage* vient dire ailleurs la victoire féminine[13].

Mais dans *Splendeurs et misères...*, le résultat sera inverse grâce à une coalition masculine d'hommes mal aimés (Sérizy, Bauvan – le héros d'Honorine – et Grandville). Cette double conclusion a l'avantage de tout sauver. D'une part, le « réalisme » qui met la justice au service du pouvoir (le marquis sera interdit). D'autre part, la dimension symbolique qui ne concerne pas seulement l'origine des fortunes mais encore l'imaginaire social (et qui prêche en faveur de l'interdiction, elle-même symbolique) et enfin la « morale balzacienne » qui, comme l'a bien démontré Lucienne Frappier-Mazur[14], ne peut laisser atteindre le père, dans un univers où la filiation reste patrilinéaire (le marquis ne sera pas interdit).

Cette double conclusion fait, par ailleurs, de *L'Interdiction* un de ces textes fascinants dans lesquels la volonté de l'écrivain est déjouée par la logique de l'écriture.

La nouvelle relate donc l'enquête menée par le juge Popinot dans le cadre de la demande d'interdiction présentée par l'avoué de la marquise, Desroches.

La lecture que fait Popinot de cette requête en présence de Bianchon, avec commentaires à l'appui, intervient après que le narrateur a décrit l'extrême misère avec laquelle le juge se rencontre chaque matin. Les faits allégués par la marquise sont d'abord la

---

13. Le déplacement des textes qui inscrit un texte antérieur, celui du *Contrat...*, après *La Messe...* et *L'Interdiction* nous semble souligner cette conclusion. Il serait d'ailleurs possible d'y ajouter *Le Colonel Chabert*, écrit en 1832 mais révisé en 1835, mettant en scène une identique victoire féminine et range lui aussi avant *L'Interdiction*, dans *Les Scènes de la vie privée*. Si bien que ce texte se trouve encadré par deux récits dans lesquels des femmes se défont de maris encombrants de manière injuste aux yeux de la morale mais en usant pour ce faire de la légalité. Manière peut-être de souligner la logique du système que contredit le dénouement particulier de *L'Interdiction*.

14. In *Littérature*, n. 29, février 1978, p. 53/62, « Fortune et filiation dans quatre nouvelles de Balzac ».

dissipation de la fortune du marquis au profit d'une dame Jeanrenaud et de son fils (gens de peu qui vivaient dans la misère en 1814) après avoir quitté sa femme en emmenant ses enfants pour s'installer rue de la Montagne-Ste-Geneviève au début de 1816. C'est la raison de la demande d'interdiction.

Cette dissipation ne trouvant aucune explication « raisonnable » (y compris dans celle que la morale réprouve), il faut qu'il y ait folie, laquelle sera prouvée par la monomanie chinoise. Cette monomanie chinoise, notons-le, ne serait notable qu'après 1818, quoique le marquis précise, dans son dialogue avec le juge, qu'il savait déjà le chinois en 1811.

Enfin, la mise en évidence de cette folie est attestée par le fait que le marquis déroge en devenant commerçant (imprimeur) afin d'éditer une *Histoire pittoresque de la Chine*, pour laquelle il se serait endetté. Le titre choisi n'est pas sans rappeler un titre auquel avait songé Balzac lui-même, à peu près à l'époque où il situe le récit, en pensant écrire une *Histoire de France pittoresque*[15].

Cette conclusion tire de Bianchon cette exclamation: *Cet homme est un fou.* Mais comme le juge lui-même, qui rétorque: *Tu crois cela, toi...* le lecteur ne saurait se contenter de cette réponse. Bianchon sait lire les signes, il l'a longuement prouvé au début de la nouvelle, mais ceux du corps. Or, ici, il s'agit de signes écrits et écrits sur un palimpseste car sous les signes de l'avoué, il y a ceux de la marquise et sous ceux de la marquise ceux du marquis lui-même, et sous ces signes-là ceux de l'histoire et de la société. Comme la maison du juge ou celle du marquis portent les traces successives des temps qui les ont façonnées.

Affirmer la monomanie chinoise ne suffit pas, il faut la prouver. Aussi, après avoir déclaré que *tous les acres de sa vie* [...] *sont empreints de folie* (p. 447), la requête en fournit-elle des exemples.

15. Ce qui n'est pas le seul point commun entre l'auteur et le personnage. *Le Marquis* est cru imprimeur en 1828, comme Balzac l'était alors, à cette différence près – compensatrice? – que l'entreprise du marquis est une réussite financière alors que celle de Balzac a été l'échec que nous savons.
Notons par ailleurs que ce projet sur lequel revient Balzac dans son introduction à *Sur Catherine de Médicis* est une méditation sur le pouvoir qui lui fait conclure à la grandeur du personnage et à sa justesse politique, St-Barthélémy comprise.

Le marquis rapporte les événements contemporains à la Chine, il censure (malgré son amour personnel pour le roi) le gouvernement par comparaison à celui de la Chine.

Il enseigne l'histoire chinoise à ses enfants, en particulier *les faits* [...] *qui contredisent les doctrines de la religion catholique* et leur fait apprendre les dialectes chinois. Il nomme *mandarins* les juges et *lettrés* les professeurs (qui ne l'étant pas s'en offensent, l'ironie n'est jamais loin dans Balzac!). Bref, il s'imagine « être en Chine ».

La fausseté de ces accusations sera démontrée doublement. D'abord, par un narrateur qui dans la présentation du cadre et de l'entourage du marquis démontera les rouages de la rumeur, ensuite par le marquis lui-même explicitant son intérêt pour la Chine.

Tout d'abord, il s'agit d'une bonne action: il aide son ami Nouvion revenu ruiné de l'émigration[16]. Ensuite, cet intérêt découle de son éducation même: il a eu pour précepteur l'abbé Grosier[17] et savait le chinois à 25 ans.

Enfin, il loue ce pays, en une seule phrase, cumulative, qui souligne la grandeur de ce dernier: sa capacité à absorber ses conquérants[18], les Annales, c'est-à-dire l'existence d'une histoire écrite extrêmement longue, l'immuabilité des institutions garantissant la conservation du territoire, les monuments gigantesques, l'administration parfaite, l'impossibilité des révolutions, le refus du beau idéal (en tant que limite au déploiement de l'art[19]), le luxe et l'industrie supérieurs à tout ce que peut faire l'occident.

---

16. Et il n'est pas sans intérêt de noter que si la maison de Popinot atteste l'histoire des hommes de robe, la maison du marquis est toute empreinte des marques de la religion: [...] *tout respirait cette grandeur que le Sacerdoce a imprimée aux choses entreprises ou créées par lui* [...], p. 472.

17. Personnage réel, 1743-1823, bibliothécaire de l'Arsenal en 1818. Ancien jésuite (La Compagnie a été dissoute en 1773), il est l'auteur d'un ouvrage en 7 volumes publié en 1787: *De la Chine ou description générale de cet empire d'après les Mémoires de la mission de Pékin.*

18. La même idée se retrouve dans *La Fausse maîtresse* quand il est question de la Pologne qui aurait dû, en cela, imiter les Chinois: *qui ont fini par chinoiser les tartares, et qui chinoiseront les Anglais, il faut l'espérer* (p. 197). On est alors en pleine guerre de l'Opium.

19. Dans ses articles sur *La Chine et les Chinois*, en particulier celui du 17 octobre, Balzac revient sur cette idée et rattache cette conviction à l'esthétique du grotesque chère aux Romantiques.

Cette accumulation fonctionne comme une démonstration dont les trois premiers éléments sont la base redondante, leur sème commun étant la stabilité. Stabilité qui est cause dos effets lui succèdant dans l'ordre de la phrase, dont le sème commun pourrait cette fois se dire grandeur. A commencer par les monuments. Dans bien d'autres œuvres, d'autres personnages, voire des narrateurs, réclameront de l'absence de grandeur architecturale dans la France de la Restauration, comme de celle de la monarchie de Juillet. Enfin la conclusion sur la suprématie du luxe et de l'industrie est indiscutable puisque tous les salons parisiens en témoignent, y compris celui de la marquise.

Le marquis semble donc proposer un modèle à la réflexion politique, ce que ses principes d'éducation à l'égard de ses fils confirmeraient: solide instruction (mathématiques plutôt que philosophie), connaissance des langues étrangères, connaissance directe du monde par les voyages, de manière à ce qu'ils tiennent leur rang (celui de l'utilité et non de la parade) dans les affaires de l'Etat. On pourrait aussi lire cet intérêt pour la Chine comme l'effet d'une réflexion politique à long terme sur l'évolution dos données planétaires. Et l'histoire donnerait raison au marquis puisque dans les années 40, la France tentera de se « placer » en Chine à la suite de la guerre de l'opium et des bénéfices commerciaux obtenus par les Anglais.

Toutefois, il n'en est rien et ce qui semble ouverture sur l'avenir n'est en fait que clôture sur le passé.

En effet, le panégyrique du marquis, comme le prouve le recours à l'abbé Grosier, ne relève pas d'une évaluation personnelle contemporaine (depuis quelques années déjà, 1816 exactement, avec l'Ambassade Amherst et le refus anglais de se soumettre aux coutumes chinoises, se prépare la dissolution de l'Empire chinois sous les coups du colonialisme). Il est empreint dos idées propagées d'abord par les jésuites, ensuite par un certain nombre de philosophes sinophiles du XVIIIe siècle et qui ont fini par devenir des idées reçues. Par ailleurs, cette éducation donnée à ses fils n'aura aucune conséquence dans *La Comédie humaine,* où ces jeunes-gens si doués et si bien élevés ne réapparaîtront qu'une fois pour jouer les utilités en faisant fuir la marquise du salon dos Grandlieu (elle n'aime pas être avec ses enfants, trop révélateurs de son âge).

Le modèle politique étant inopérant, la Chine ne prouve ni la folie, ni la raison du marquis. Il faut donc déplacer la question et aller lire entre les lignes, au sens propre puisqu'entre deux évocations de la Chine, il est fait mention de la *mélancolie noire* qui affecte le marquis chaque fois que le nom de la dame Jeanrenaud est prononcé ou que l'on parie du règne de Louis XIV. Quel lien peut-il unir ces quatre données: la mélancolie noire, la dame Jeanrenaud, le siècle de Louis XIV et l'idée de se croire en Chine? Il nous semble qu'il faille le chercher dans les faits contraires à la religion évoqués tout d'abord. Le contenu de ces faits renvoie, à l'évidence parce que le texte le dit, à la chronologie dont Voltaire[20] s'est abondamment servi pour lutter contre « l'infâme » en démontrant l'absurdité des calculs dérivés de la Bible et c'est bien ce que dit aussi le marquis en affirmant que *les annales remontent incontestablement à une époque beaucoup plus reculée que ne le sont les temps mythologiques ou bibliques* (p. 487). Eclairage qui nous éloigne quelque peu de Louis XIV mais qui a l'avantage de faire du marquis un homme appartenant par son éducation à l'Ancien Régime, malgré les dates. La cinquantaine que Balzac lui impose en se contredisant lui-même va dans le même sens. Mais il est un autre contenu à ces faits, directement lié, lui, au grand siècle, celui de la Querelle des rites qui agite tout le XVIIe siècle et une grande partie du XVIIIe puisque la bulle papale qui tranchera définitivement la question date de 1742. Leurs adversaires, mais aussi certains d'entre eux, reprochaient aux missionnaires jésuites un « enchinoisement » qu'ils estimaient suspect. Parmi ces reproches, la question du culte des ancêtres (mais aussi celui de Confucius, « patron » des Lettrés) allait faire couler beaucoup d'encre[21]. Les Jésuites de Chine défendaient le principe d'un rituel purement civil, d'une coutume similaire dans l'esprit au culte des morts français (visite de cimetière, piété, chagrin) qui leur permettait sans choquer leurs hôtes d'opérer des rapprochements propices au christianisme.

---

20. Cf. Voltaire, *Dictionnaire encyclopédique*, article « Histoire », entre autres.

21. Au sens strict du terme. Etiemble dans *L'Europe chinoise*, Gallimard, 1988, tome 1, p. 280-307 en rapporte les éléments essentiels et fournit une impressionnante bibliographie. Il n'est jusqu'à Pascal qui n'ait pris part à cette querelle dans *Les Provinciales* (5e Lettre) où il accuse tout uniment les Jésuites de protéger la superstition.

Leurs adversaires considéraient qu'il s'agissait de superstition et que ces morts étaient honorés comme des dieux. Comme l'on sait, en 1715, une première bulle papale *Ex illa die* enjoignait aux religieux de renoncer à toute pratique superstitieuse (mais sans définir les dites pratiques, ce qui laissait toute latitude à l'interprétation). Celle de 1742, *Ex quo singulari*, ne fera pas de détail et décrètera toutes les pratiques chinoises: « superstition ». Mais la Sorbonne avait déjà, pour sa part, condamné le culte des ancêtres dès 1700[22]. La sinophilie du marquis pourrait donc se lire comme un enchinoisement (n'oublions pas que l'abbé Grosier avait été jésuite) dont l'élément essentiel, bien que non dit, serait le culte des ancêtres. Et de fait, c'est bien à ce culte que semblent se rapporter son comportement et l'éducation donnée à ses enfants, comme en témoigne ce qu'en souligne le narrateur dans leur présentation: grâce certes, mais aussi dédain, dignité, fierté, *noli me tangere*, toutes expressions qui viennent appuyer la digression du narrateur sur la croyance en l'appartenance « à une race privilégiée » que confirme leur arrivée, pendant la conversation de leur père et du juge, et la froideur de leur salut à ce dernier (p. 488).

Car que fait le marquis, sinon pratiquer le culte des ancêtres, en « rachetant » (au sens moral mais aussi financier) les fautes commises par l'indélicatesse de la maison d'Espard? Le marquis, en cela, est bien Chinois, qui voit dans la lignée, dans le nom (inscrit sur les tablettes de l'autel en Chine, inscrit dans le blason en France) l'essentiel de ce dont il hérite, et l'essentiel de ce qu'il va transmettre à ses fils: *Je n'ai pas voulu que mes enfants pussent penser de moi ce que j'ai pensé de mon père et de mes aïeux; j'ai voulu leur léguer leur héritage et des écussons sans souillure, je n'ai pas voulu que la noblesse fût un mensonge en ma personne.* (p. 484) Plus Chinois encore par le fait qu'il se conduit conformément à la rétroactivité de l'anoblissement sur laquelle insistera Balzac dans ses articles de 1842. La bonne conduite des fils rejaillit, en effet, sur les ascendants.

Il nous semble d'autant plus justifié d'interpréter ainsi le comportement du marquis que la souillure qu'il a découverte à son nom

22. St Simon le rapporte dans ses *Mémoires* que cite Etiemble, op. cit., p. 306-307.

est elle-même le résultat d'une autre querelle des rites, celle qui a opposé Catholiques et Protestants, dont ses ancêtres ont profité, étant du côté des plus forts. La question chinoise se trouve ainsi rattachée aux guerres de religion et à la Révocation de l'Edit de Nantes.

Comme la querelle des rites s'est terminée au détriment des jésuites et de leur défense du culte des ancêtres, par une décision « politique » sinon morale, les Protestants ont été chassés et lésés par une décision politique, tout aussi peu morale. Mais peut-on vraiment poser ainsi la question? Ne faut-il pas plutôt constater le nouvel état de faits qui en est résulté et que le temps a entériné? Est-ce à dire que la référence chinoise porte ici condamnation du marquis? Il nous semble que oui. Pour justifier cette affirmation, il nous faut revenir sur la structuration du texte.

Le récit fonctionne, en effet, sur une double série de parallélisme, d'une part entre le juge et le marquis, tous deux hommes d'un autre temps; d'autre part entre la marquise et son époux. Ce dernier est souligné directement par le narrateur qui écrit *M. d'Espard était gentilhomme, comme sa femme était une grande dame: deux types magnifiques...* (p. 475) et mis en scène dans le récit par un ensemble d'identités et d'oppositions découlant de cette formule. Deux types magnifiques, certes, mais « deux » relevant de deux ordres différents, commensurables, mais non identiques. Le mot « gentilhomme » utilisé comme attribut sans déterminant souligne qu'il s'agit de l'essence même du marquis, alors que le déterminant indéfini qui précède « grande dame » démocratise, en quelque sorte, la qualification, sous-entendant le travail de construction et de volonté permettant l'accès à l'ensemble des grandes dames. Ce que déploie le reste du texte. La même couleur est choisie pour les deux habitations: le brun-rouge. L'opposition tenant à la clôture nocturne du premier et à l'ouverture matinale sur le jardin du second. Les mêmes termes sont employés pour qualifier les deux décors: « propreté exquise », mais avec cette nuance particulière au marquis: la suavité. Dans le salon de la marquise comme dans la maison du marquis, la Chine occupe une certaine place. Mais dans le cas de la marquise, elle relève d'une décoration socialement acceptable, elle témoigne de la circulation de l'argent et des dépenses, lesquelles dépenses présentes (dettes) s'expliquent, selon la marquise, par l'avenir (des enfants, dit-elle; le sien, comprend le lecteur qui connaît ses ambitions). Elle participe donc à la fois d'un certain exhibitionnisme (l'hôtel est fait pour être vu) et d'un égoïsme profond, qui peut se révéler pourtant socialement utile.

En revanche, chez le marquis la Chine ne participe d'aucune ostentation. Elle est le fruit d'un savoir socialement inacceptable parce qu'il semble reposer sur un excès[23], participer de l'incompréhensible (folie) et sur ce plan-là lorsqu'Anne-Marie Baron[24] émet l'hypothèse que le chinois exprime le fait que le marquis parle un langage que nul ne peut comprendre, hormis le juge, ajouterions-nous, elle a parfaitement raison. La circulation monétaire est déviée. Les dépenses sont celles de la famille Jeanrenaud, alors que le marquis vit comme un homme ruiné. De plus, elles sont liées au passé (celui de la dette, celui de Nouvion) plutôt qu'au présent, même si le marquis, lui aussi, leur donne une justification future (mais exprimée par un passé « j'ai voulu » alors que les passés de la marquise aboutissent à un futur: « ils trouveront »).

Enfin, le monde du marquis est un monde du secret (l'appartement où personne n'entre). Si bien que des deux personnages, entre lesquels court souterrainement l'opposition rousseauiste social / naturel, si le narrateur comme le juge font pencher, sentimentalement, le lecteur pour le marquis, le texte, lui, dans sa logique, impose le bon sens de la Marquise.

Le marquis, en effet, et le juge l'affirme, lucide malgré sa sympathie pour lui, met en péril la société elle-même par son intransigeance. « Sublime », certes, est son comportement, mais dangereux pour la stabilité même (*il se trouverait peu de propriétés légitimes*, p. 490) et pour tout dire inutile. Sa conception de la noblesse n'a plus cours, ne peut plus avoir cours. Et c'est bien la sanction de l'œuvre. Nous avons signalé que ces enfants si soigneusement éduqués n'auront pas de place dans un monde où les hommes politiques

23. Dans *Beatrix*, par exemple, lorsque Camille Maupin décrit le personnage éponyme, elle souligne son affectation en la justifiant par le fait qu'elle a toujours l'air de savoir des choses difficiles, *le chinois ou l'hébreu*, Pléiade II, p. 714.

24. Anne-Marie Baron, « *Le Colonel Chabert* et *L'Interdiction* ou les fantasmes d'un romancier » in *L'Ecole des lettres*, n. 3, 1er novembre 1994, p. 63-73.

se nomment Rastignac et de Marsay. Le marquis lui-même n'existe qu'à travers cette histoire, il est vrai qu'elle est rapportée dans 6 romans à titre d'exemple, de référence, voire de menace (dans *Le Cousin Pons*) mais la marquise, elle, est présente, le plus souvent de manière active, dans 21 textes.

L'Interdiction et la Chine permettent donc de dire l'origine immorale des fortunes, d'en porter condamnation tout en affirmant l'inutilité voire le danger de la réparation qui ne peut relever que de la « sainteté », comme le serrement de mains final le prouve, *comme si deux lumières pures se fussent confondues*, écrit le narrateur, p. 491: le passé est le passé et les ancêtres doivent retourner à leur domaine, la superstition. C'est, malheureusement (et heureusement), Mme d'Espard qui a raison: *Elle eût approuvé sans scrupule la conduite de mon grand-père, et se serait moquée de Huguenots*, dit le marquis. Et certes, la marquise est fort mal jugée, dans la plupart des œuvres où elle apparaît, elle n'en reste pas moins un personnage fort et puissant, semblable à son amie Diane de Maufrigneuse qui, elle aussi, a fait une analyse exacte de son époque et explique vertement aux d'Esgrignon: *Vous êtes donc fous ici? Vous voulez rester au quinzième siècle quand nous sommes au dix-neuvième? Mes chers enfants, il n'y a plus de noblesse, il n'y a plus que de l'aristocratie.* (*Le Cabinet des antiques*, Pléiade IV, p. 1092)[25] Et pour Diane, justement, ce qui définit cette aristocratie est sa capacité à « laver », dirait-on aujourd'hui, un argent « sale » (parce-que résultant d'une accumulation rapide de capital généralement liée à la spéculation financière) car ajoute-t-elle: *Epousez qui vous voudrez* [sous-entendu une fortune], *Victurnien, vous anoblirez votre femme, voilà le plus solide des privilèges qui reste à la noblesse française.*

C'est aussi ce que reconnaît le jeune de Portuendère en sortant de prison après que le Dr Minoret lui a demande s'il *avait dépouillé la peau de vieille noblesse qui n'est plus de mise aujourd'hui.... la réponse fuse: il n'y a plus de noblesse aujourd'hui, il n'y a qu'une aristocratie.* (*Ursule Mirouët*, Pléiade III, p. 877)

25. Les enfants cités étant la tante du jeune D'Esgrignon, une célibataire de 47 ans, et le notaire de la famille, qui a 69 ans. Mais « enfants » pour ne pas avoir encore compris les nouvelles règles du jeu social.

Ces deux personnages disent une vérité, la suite le prouve puisque l'un et l'autre auront le droit à d'heureuses amours (cas assez rares dans l'œuvre) et que Diane aimera et sera aimée par d'Arthez, modèle même du grand homme dans *La Comédie*.

Qu'il y ait lieu de regretter cet état de fait sur le plan humain (de l'individu) c'est ce que dit *L'Interdiction*, mais qu'il faille l'accepter sur le plan social comme une donnée c'est aussi ce que dit le texte: il est interdit de regarder en arrière. Tout au plus peut-on faire ce que fait le juge: panser les plaies les plus criardes au jour le jour, savoir que toute richesse repose sur un substrat d'iniquités mais dont le remède serait pire que le mal car dans tous les pauvres repose en germe une semence de révolution, ce que voit Bianchon dans le cabinet du juge: *Réunion horrible, dont l'aspect inspirait le dégoût, mais qui bientôt causait une sorte de terreur au moment où l'on s'apercevait que, purement fortuite, la résignation de ces âmes, aux prises avec tous les besoins de la vie, était une spéculation fondée sur la bienfaisance.* (p. 438)

Le mythe qui informe *L'Interdiction* est peut-être bien celui de Sodome et Gomorrhe: regarder en arrière transforme en statue de sel et empêche d'avancer. D'ailleurs, le mari défunt de Mme Jeanrenaud n'était-il pas conducteur de bateaux de sel... Mais l'insistance sur la date de 1816 le disait aussi, plus implicitement: les restaurations n'ont pas de sens. L'histoire ne s'écrit qu'au futur, si elle ne se rédige qu'au passé. La Chine en est elle-même témoin dont la stabilité, le refus des changements, la mettent en situation d'infériorité, et d'abord militaire, face à l'Occident. Les récits de l'Ambassade Mac Carthney (1793) et celle de l'Ambassade Amherst (1816), comme les premières escarmouches de la guerre de l'opium (1834) le disaient assez. Même si Balzac se refusait, consciemment, à l'admettre, puisque dans les articles de 42, il rapporte en même temps la réalité: les mandarins chinois « trompent » L'Empereur sur les rapports de force entre Chine et étranger, et son propre désir de voir la Chine vaincre l'Angleterre.

Ainsi, ce bref récit tout à la gloire de la justice, mieux que la justice, l'équité, écrit-il la profonde injustice dont vivent les sociétés.

Toute fortune repose sur une exaction, non pas épisodique (celle d'une famille, celle d'une époque, qu'il s'agisse de Louis XIV ou de la Révolution française ou de l'Empire) mais constitutive et sans remède. Pour une Mme Jeanrenaud tirée de la misère, combien d'autres y plongent-ils chaque jour pour que globalement prospèrent les Etats? Cette vision sociale peut être cynique lorsqu'elle est prise en charge par un Vautrin, mais elle est à peine moins brutale dans le cas de Mme D'Espard, et des personnages comme Mme de Bauséant ou la « tendre » Henriette Mortsauf ne donnent pas une leçon différente aux jeunes gens qui les sollicitent. Elle peut être douloureuse quand elle est celle d'un juge Popinot, même s'il refuse de penser une autre solution que celle de la charité chrétienne, dans tous les cas elle se lit dans l'ensemble de l'œuvre, en même temps que celle-ci fournit la seule réparation possible: celle de la littérature (Madame Firmiani, par exemple, qui est aussi une histoire de restitution, mais heureuse) ce qu'entérine Mme Jeanrenaud en disant du juge: *Vous parlez comme un livre.*

Cette question de l'immoralité foncière des fortunes particulières se rattache aussi, grâce à la Chine à celle, plus intime mais tout aussi sociale, du rapport des fils aux pères. L'introduction de la Chine dans ce récit pourrait fonctionner comme la mise en place d'un inconscient en ce qu'elle autorise la coexistence des contradictions, affirmant à la fois la piété filiale et son impossibilité, sur le plan de l'individu, et l'amoralité foncière de la vie sociale, par rapport de forces, sur le plan collectif. Après ce texte, le rêve heureux d'une justice finale ne sera plus permis. Si dans Madame Firmiani (1832), le héros peut se décharger de sa culpabilité en restituant la fortune volée par son père, après *L'Interdiction*, il n'en sera plus question. Il restera les fortunes acquises sur la souffrance et le sang... des autres. Le prix du changement est donc élevé et porteur de culpabilité, mais cette culpabilité si elle doit être dévoilée, doit aussi être « oubliée ». Il est donc tout autant interdit de ne pas la connaître que de la connaître, et les personnages (aussi bien que le lecteur) doivent vivre dans cette aporie: les fils doivent et ne peuvent se tenir pour responsables des actes de leurs pères. Les fils doivent et ne peuvent tuer les pères. J'ignore si Freud a été un lecteur de Balzac, mais s'il l'a été il a dû apprécier.

La Chine est bien liée, outre cette question de l'origine des fortunes, à une problématique de la filiation que reprendra le début des articles de 1842 dans lesquels Balzac commencera par expliciter le lien qui unit la Chine, lui-même et son père. La Chine ayant été un domaine conflictuel entre fils et père: *Je mettais toujours en fureur cette personne à la quelle je devais, d'après les lois chinoises, un si grand respect qu'elle est presque sacrée, quasi divine en lui soutenant...* La question était bien celle de l'interprétation de l'héritage: le jeune Balzac *par esprit de contradiction*, soutenant que les magots étaient des représentations réalistes des Chinois eux-mêmes. Autrement dit la Chine était pour lui le domaine du grotesque et du plaisant, du jeu, alors que son père (comme le marquis), [qui] *adorait ce peuple étrange*, ne voulait retenir que la grandeur d'un pays dont les institutions avaient tant fasciné les philosophes du XVIIIe siècle que certaines ont été prises pour modèles, par exemple les concours pour le recrutement des serviteurs de l'Etat.

Peut-être pourrait-on conclure en affirmant que la piété filiale ne cesse d'informer la vision chinoise de l'auteur, mais que le récit, lui, sait très bien ce qu'il fait en associant Chine et folie. Il dit ce qui est probablement indicible pour l'auteur lui-même (parce qu'allant beaucoup plus loin qu'il ne peut l'accepter en ayant choisi de s'engager dans les rangs légitimistes), et difficilement pensable encore, pour ses lecteurs, en 1835 (malgré 1830) que le fonctionnement social peut bien être amoral, voire immoral, mais que la Révolution marque définitivement et sans retour (ni possible, ni même désirable) la société. Nos sentiments, notre éthique peuvent bien considérer le marquis comme respectable, il n'en est pas moins condamné par l'histoire, l'avenir sera construit par les Rastignac et les marquises d'Espard. Pis encore, c'est tant mieux![26] Pourquoi enfin, le marquis doit être interdit et pourquoi sa passion chinoise est réellement une folie.

26. Bernard Guyon a écrit, nous semble-t-il, dans *La Pensée politique et sociale de Balzac*, Armand Colin, 1967, l'analyse la plus fascinante et la plus pertinente de ces contradictions dans lesquelles évoluent, dès le début, les textes de Balzac et qu'il conclut par cette phrase que nous reprendrions volontiers à notre compte: « Cette hésitation fondamentale [entre les impulsions de son cœur et les exigences de sa raison] donne à son œuvre une signification souvent équivoque; mais elle lui confère aussi un caractère intensément pathétique qui est une de ses plus sûres grandeurs. »

A Ciência em *Baltasar Claës ou a Busca do Absoluto*

*Gérard Grimberg**

A procura do Absoluto é um dos únicos romances de *A comédia humana* que tem por tema principal uma ciência: Baltasar Claës, um rico flamengo, retorna à química, sua paixão de juventude, e para encontrar o Absoluto, princípio comum de toda criação, verdadeira idéia fixa, e dilapida sua fortuna em suas experiências.

> *Dois membros da academia de ciências me ensinaram a química, para deixar o livro verdadeiro cientificamente. Eles me fizeram refazer as provas de dez a doze vezes. Foi preciso ler Berzélius, trabalhar para manter-se na ciência e trabalhar o estilo, não aborrecer os frios leitores da França, fazendo um livro cujo interesse se baseasse na química*[1].

O tema do Absoluto está ligado a um personagem real, Wronski. Arago o apresentou a Balzac, que o descreveu à senhora Hanska como um "ilustre polonês, Wronski, grande matemático, grande místico, grande mecânico". Esse cientista chamou a atenção

* Doutor em Matemática e professor no Lycée Pasteur, São Paulo.

1. *Lettres à Mme Hanska*, t. 1, p. 255, 18 out. 1834.

da imprensa por ocasião de um processo: ele vivera largamente à custa de um ingênuo em troca do segredo do Absoluto. Mas o herói de *A procura do Absoluto* não tem nada a ver com esse personagem. Baltasar Claës é inteiramente fictício, devia encarnar segundo o próprio Balzac "os esforços da química moderna". "O autor", diz Félix Davin em sua introdução a *A comédia humana*, "perguntou à química o que ela fizera, até onde chegara; aprendeu sua língua; depois, elevando-se com um desses vigorosos bater de asas de poeta, que deixam entrever as alturas imensas que a ciência experimental galga penosamente, armou-se de uma dessas deslumbrantes hipóteses que, talvez, um dia, sejam verdades demonstradas."

Madeleine Ambrière determinou o essencial das fontes científicas onde Balzac fora beber[2]. Um jovem cientista, Laugier, amigo de Arago, ensinou química a Balzac, fazendo-o devorar os oito volumes do *Tratado* de Berzélius, que na época era o livro de referência dos químicos. Por outro lado, Balzac leu *Leçons de la philosophie chimique* e provavelmente *Les éléments de philosophie chimique* de Davy. Segundo ele, não aprendeu apenas a língua, mas também procurou nessas leituras uma concepção filosófica da química, uma perspectiva que inspirasse a busca de seu herói.

Madeleine Ambrière insiste no fato de Balzac ter-se defendido de ter pretendido criar em Baltasar Claës um tipo de alquimista. Com apoio em sua tese, Félix Davin o desmente: "Alguns acreditaram, outros repetiram que os trabalhos de Baltasar Claës levaram à busca da pedra filosofal [...] Se os críticos tivessem lido com alguma atenção esse livro, coisa que ele bem merece, teriam visto que o sublime flamengo é tão superior aos antigos e novos alquimistas quanto os naturalistas de nossa época o são em relação aos da Idade Média."

E no entanto, o próprio romance liga a procura do Absoluto às idéias do Alquimistas. É interessante, portanto, analisar as relação que mantêm a química, a alquimia e a filosofia da natureza implícita que nos destila Balzac em filigrana, por meio de seu romance.

2. M. Ambrière. *Introduction à la Recherche de l'Absolu*, bibl. Pléiade, t. 10, p. 623-55.

Mas antes de analisar as passagens de *A procura do Absoluto* que tratam desses aspectos, é útil tentar depreender em linhas gerais as condições do nascimento da química moderna e as principais correntes que dividem a física na época em que Balzac nos narra os sofrimentos de Baltasar Claës.

Nascimento da química

É durante os últimos anos do século XVIII que se constituem as bases da química. Os sábios mostram, no estudo das reações químicas, os componentes do ar e da água. Em 1765, Cavendish, estudando a ação do ácido sulfúrico diluído no ferro, descobre que o gás que essa reação solta é combustível e forma com o ar com uma mistura detonadora: ele o chama de gás inflamável (trata-se do hidrogênio). Em 1774, Lavoisier repete uma experiência feita um século antes por um médico do Périgord, Jean Rey: este, tendo queimado estanho, constatou que os resíduos da combustão tinham uma massa superior à do estanho: uma parte do ar havia então se misturado ao estanho na hora da combustão. Lavoisier não se ocupa do resíduo dessa combustão, mas da parte de ar não queimado a que chama de mofeta (trata-se do azoto).

Já em 1776, Lavoisier refaz as experiências de Priestley e mostra o que ele chama de "ar vital" – é o oxigênio. Priestley o chamara de "ar não flogístico": tal denominação não é anódina, pois se o sábio inglês segue ainda a teoria do flogístico, Lavoisier é o primeiro a combatê-la, atribuindo a combustão diretamente ao oxigênio. Ele mostra, além disso, que a respiração é um fenômeno de combustão lenta... O fogo não é, desse modo, mais do que uma das manifestações da combustão. Enfim, é a síntese da água, a partir de "ar vital" e de "ar inflamável", experiência realizada por Cavendish, depois por Lavoisier e por Laplace, que demonstra que a água também não é uma substância simples.

Os quatro elementos – terra, fogo, água e ar – não são mais os componentes últimos da matéria, como o afirmava em 1766 o *Diction-*

naire de la chimie de Macquer. Esses corpos simples são substituídos pelos elementos químicos, resultados de análise.

Assim o diz Lavoisier:

> *A química caminha então para sua finalidade e para sua perfeição, dividindo, subdividindo e subdividindo de novo, e nós ignoramos qual será a finalidade de seus sucessos. Não podemos afirmar que o que olhamos como simples hoje o seja de fato; tudo o que podemos dizer é que tal substância é o termo atual ao qual chega a análise química e que ela não pode mais se subdividir, no estado atual de nossos conhecimentos*[3].

Essa nova concepção da matéria se traduz também pela unificação das denominações: ácido sulfúrico em vez de óleo de vitríolo, ácido acético para "alma de Vênus", óxido de ferro em vez de "açafrão de Marte", etc.

No início do século XIX precisam-se as condições quantitativas das reações: Proust descobre que os elementos apenas se unem entre si para formar uma combinação em proporções ponderáveis absolutamente definidas. Assim, para fazer a síntese da água é preciso oxigênio e hidrogênio na proporção do simples para o dobro. Gay-Lussac encontra uma lei semelhante no que concerne os volumes. O papel da eletricidade na reação química é demonstrado por Davy, que constata que o hidrogênio vai para o pólo negativo.

Enfim, em 1806, Dalton é o primeiro a emitir a hipótese atômica. Mas ele comete erros no que diz respeito às relações quantitativas nas quais entram os átomos para formar as substâncias químicas.

Em reação à hipótese atômica, que não parece satisfazer às condições experimentais, Richter concebe uma teoria dos equivalentes, consistindo em uma classificação de todas as reações conhecidas. Essa teoria será desenvolvida por Berzélius e encontrará sucesso junto aos cientistas ingleses e franceses: Davy, Bertholet, Jean-Baptiste Dumas e, mais tarde, Berthelot, que fará o papel, nessa metade do século XIX, de *equivalentista* atrasado...

---

3. *Traité élémentaire de chimie*, 1789.

Essa corrente de pensamento positivista teve aliás um efeito retardador, pois tais químicos tinham prestígio graças a sua competência: "Se eu fosse o mestre – disse Jean-Baptiste Dumas – apagaria a palavra átomo da ciência, persuadido que estou de que ele vai além da experiência, e jamais em química devemos ir além da experiência". E Berthelot, que era senador, ficará bem perto de realizar o desejo de Dumas, fazendo desaparecer durante anos a palavra átomo dos programas de ensino.

No entanto, nesse período, a corrente atomista se reforça: em 1811, Avogadro emite a hipótese de que um gás seja formado de vazio e de moléculas, e que o número destas depende unicamente de volume de gás. Ampère mostra a compatibilidade dessa hipótese com as leis de Boyle-Mariotte e Gay-Lussac. Um botânico, Brown, constata, estudando no microscópio grãos de cereais suspensos em água, que eles estão submetidos a um movimento errático, e que, quando a temperatura aumenta, o movimento se acelera.

Enfim, Berzélius, em sua classificação das reações, utiliza implicitamente a teoria atômica, em particular em química orgânica, mostrando os primeiros isômeros: sua hipótese, que se revela correta, é de que duas substâncias químicas podem ser compostas dos mesmos átomos: a diferença entre elas pode residir unicamente na configuração espacial dos átomos. Gherardt continua os trabalhos de Berzélius utilizando a idéia de átomo.

Os últimos resultados de Berzélius e os trabalhos de Gherardt são um pouco posteriores a *A procura do Absoluto*. No momento em que Balzac escreve, as duas correntes – atomistas e *equivalentista* – coexistem: predominando, na França, os equivalentistas.

É esse estado de conhecimentos que encontraremos na personagem Baltasar Claës.

A química e a alquimia em *A busca do Absoluto*

A personagem principal que encarna os "esforços da química" foi o "mais ardente discípulo de Lavoisier". Adam de Wierzchownia, um nobre polonês, o remonta à sua paixão de juventude. Ele ganha de Baltasar Claës para seu projeto: a busca do Absoluto. Os conhecimentos e as experiências que escoram o caminho e o raciocínio do polonês na narrativa que dele faz Baltasar Claës e sua mulher são os conhecimentos que Balzac tirou diretamente do Tratado de Berzélius.

> *Bem, vocês reconheceram, como eu, que a borracha arábica, o açúcar e o amido transformados em pó dão uma substância absolutamente semelhante, e na análise, dão um mesmo resultado qualitativo.*

Essa constatação se encontra em Berzélius mas Balzac exagera a conclusão. Onde Berzélius sugere a hipótese de princípios comuns a esses três elementos, Balzac insiste na identidade dos resultados da análise qualitativa das três substâncias.

O cientista polonês vai mais longe: "Senhor", disse-me ele, "a paridade dessas três substâncias aparentemente tão distintas me levou a pensar que todas as produções da natureza devessem ter um mesmo princípio". Segundo ele, a criação se divide em duas porções distintas, a orgânica e a inorgânica.

> *Ora, a análise reduziu todos os produtos dessa natureza a quatro corpos simples, o carbono e três gases, o hidrogênio, o azoto e o oxigênio. Quanto aos 53 elementos da natureza inorgânica, tem um princípio comum, modificado outrora pela ação de uma potência extinta hoje, mas que o gênio humano deve fazer reviver. Suponham que essa potência seja despertada, nós teríamos uma química unitária...*
>
> *A natureza orgânica repousa sobre quatro princípios e se chegássemos a decompor o azoto, que devemos considerar como uma negação, não teríamos mais que três. Ei-nos aqui já perto do grande ternário da Idade Média...*

E bem longe da química do século XIX. Com efeito, se nas experiências que descreve Balzac o estado de conhecimentos dos componentes da natureza são tirados dos tratados de química, a interpretação que dela faz não são mais uma interpretação científica: um deslocamento de significado se exerce na palavra princípio: princípio é ao mesmo tempo tomado por propriedade qualitativa distinta e por uma substância.

O azoto, que é uma substância, se torna uma negação, uma entidade lógica. A evocação do grande Ternário reforça essa inserção de significado: no tempo de Paracelso, os três princípios que dirigiam o dinamismo dos fenômenos materiais eram o mercúrio, o enxofre e o sal... Como diz Bachelard:

> *... longas discussões atravessa a química para saber se esses princípios devem ser realmente ligados ao mercúrio, ao enxofre e ao sal comum. Não é o mercúrio filosófico o princípio de toda liquidez, a própria força que provoca toda dissolução? Desse ponto de vista, o mercúrio comum só traz um exemplo desse poder de dissolução quando dissolve o ouro e a prata. Mas nessa experiência é o mercúrio filosófico que age, e quando se pensar ação e não somente substância será preciso reconhecer a ação desse mercúrio filosófico em qualquer dissolução de uma substância*[4].

Princípio e substância; esse desdobramento característico da alquimia e do que Bachelard chama de período pré-químico, Balzac reintroduz. É nesse sentido que é preciso retomar a idéia de que o azoto deve ser considerado como uma negação. Dá-se ao azoto a significação de uma entidade lógica.

Segunda experiência apoiada nessa hipótese unitária de Balzac: a experiência descrita no Tratado de Berzélius e que Balzac retoma palavra por palavra: plantando sementes de agrião na flor de enxofre, regando-se com água destilada, depois queimando-as, encontra-se fosfato, ácido silício, alumínio, carbonato de cálcio, sulfato, carbonato de potássio, substâncias que nem as sementes nem a flor de enxofre contêm:

4. Bachelard. *Le matérialisme rationnel*, Paris: 1953, PUF 1990, p.39.

> *Assim o ar, água destilada, a flor de enxofre e as substâncias da semente, assim como o potássio, a cal, o magnésio, o alumínio, etc., teriam um princípio comum errando na atmosfera tal como faz o Sol* [...] *nessa irrecusável experiência – exclamou ele – deduzi a existência do Absoluto! Uma substância comum a todas as criações modificada por uma força única, tal é a posição nítida e clara do problema do Absoluto e que me pareceu incontrolável...*

Esse princípio comum de que fala Balzac lembra o princípio aéreo que a química no século XVIII acrescentou aos três princípios de Paracelso. Há portanto em Balzac identificação dos princípios das substâncias... Há assim na química moderna um lugar para uma pesquisa do Absoluto. Essa pesquisa do Absoluto está aliás ligada quase imediatamente à tradição alquímica "Stahl, Becher, Paracelso, Agrippa, todos os grandes pesquisadores das causas ocultas".

Ora, não é absolutamente o rumo que toma a química na época de Balzac: as reações químicas estudadas e a análise sempre mais avançada das substâncias obtidas fazem surgir sempre mais elementos tornando cada vez mais problemática a existência de um grande princípio comum a todas as substâncias: a natureza é única na sua diversidade. É aliás essa problemática que desposa Baltasar Claës nas experiências que nos descreve Balzac:

> *Você então não sabe o que fiz nos últimos três anos? Passos de gigante! minha Pépita* [...] *combinei cloro e azoto, decompus vários corpos até agora considerados como simples, encontrei novos metais... Olha – disse ele, vendo as lágrimas de sua mulher – decompus as lágrimas.*

E lá vai Baltasar Claës afirmando que tudo pode se explicar pelas reações químicas: "Até o pensamento, revelado pelos fosfatos, os sulfatos e os carbonatos que fornece seu corpo à análise". É aí que a química do flamengo se opõe ao raciocínio metafísico que precedia. Com efeito, as lágrimas contêm sódio, nosso corpo contém fosfato, enxofre, enquanto o polonês acabava de afirmar que as substâncias orgânicas eram compostas de quatro substâncias (carbono, hidrogênio, oxigênio e azoto) e que pouco faltava – através da decomposição do azoto! – para que só fossem três: o grande Ternário!

Assim dois passos contraditórios guiavam Balzac na descrição do comportamento de Baltasar Claës: de um lado, a química moderna, suas experiências, a decomposição analítica das substâncias; de outro, essa hipótese idealista, metafísica, que é vizinha da problemática da alquimia, sobre a qual Bachelard escreveu que era o maior obstáculo para a elaboração e o desenvolvimento da química.

A procura do Absoluto que terá a função, para Baltasar Claës, de programa de pesquisas, curiosamente não inclui nenhuma experiência e não é por acaso: ela não pode dar margem a qualquer experiência química. O que terá função de experiência plausível é a cristalização do carbono: os trabalhos de Lavoisier, depois os de Guyton de Morveau e de Darvy em 1812 haviam demonstrado que o carbono e o diamante eram compostos do mesmo elemento: carbono em estado puro. Daí a idéia de realizar a síntese do diamante. Tal idéia já havia suscitado vários programas de experiências a ponto de uma briga de prioridade ter mesmo estourado entre dois sábios nesse assunto. Arago havia sido o mediador e tornara pública a existência de uma terceira experiência que permitiria a eletrólise do diamante: é essa experiência que é descrita em *A procura do Absoluto*.

Na realidade, mesmo que tantos sábios, ao longo do século XIX, acreditassem poder realizar a síntese do diamante, esta só pôde ser realizada em 1955 por Percy Bridgman, aquecendo carbono e um metal a 1500°C e sob uma pressão de cem mil atmosferas. Esfriando-se a mistura muito rapidamente, o metal comprime o carbono, o que provoca a cristalização desejada.

Assim, o romance de Balzac hospeda uma dualidade: os resultados acumulados pela química moderna caem em contradição com uma metafísica ainda defendida pelos sábios franceses que o romancista teve a oportunidade de encontrar ou de ler: Jean Baptiste Dumas, Bertholet, Arago, que são os defensores de um caminho que se opõe ao desenvolvimento da teoria atomista; e, desse ponto de vista, eles são os últimos defensores, no campo da química, de uma metafísica idealista e positivista, que tem ainda alguns pontos em comum com a alquimia. Baltasar Claës ilustra assim, à sua maneira, os esforços da química moderna para se livrar das idéias herdadas da antiga alquimia.

Enfim o herói de Balzac, tendo partido sozinho ao assalto da ciência, mostra que esta não pode mais, no século XIX, ser o fato de pesquisadores isolados: são necessários meios de que só os Estados podem dispor: os milhões que viram fumaça nas experiências de Baltasar Claës, a ruína da casa Claës, são o sinal de que a pesquisa científica se tornara uma questão social.

LA SCIENCE DANS *BALTHAZAR CLAËS OU LA RECHERCHE DE L'ABSOLU*

*Gérard Grimberg**

La Recherche de l'Absolu est un des seuls romans de *La Comédie humaine* qui prenne pour thème principal une science: Balthazar Claës, un riche flamand, revient à la chimie, sa passion de jeunesse, et pour, trouver l'Absolu, principe commun de toute la création, véritable idée fixe, engloutit sa fortune dans ses expériences.

> *Deux membres de l'académie des sciences mont appris la chimie, pour laisser le livre vrai scientifiquement. Ils m'ont fait remanier les épreuves dix à douze fois. Il a fallu lire Berzélius, travailler à se tenir dans la science el travailler son style, ne pas ennuyer les froids lecteurs de France, en faisant un livre dont l'intérêt se base sur la chimie*[1].

Le thème de l'Absolu est lié à un personnage réel, Wronski. Arago l'a présenté à Balzac, qui le décrit à Mme Hanska comme un « illustre Polonais, Wronski, grand mathématicien, grand mystique,

* Professeur agrégé de Mathématiques et Docteur en Epistémologie. Enseigne au Lycée Pasteur, São Paulo.

1. Lettres à Mme Hanska, t. l, p. 255, 18 oct. 1834.

grand mécanicien ». Ce scientifique avait défrayé la chronique à l'occasion d'un procès: il avait vécu largement aux dépens d'un naïf en échange du secret de l'Absolu. Mais le héros de La Recherche de l'Absolu n'a rien à voir avec ce personnage. Balthazar Claës est entièrement fictif, il devait incarner selon les propres termes de Balzac « les efforts de la chimie moderne ». L'auteur, dit Félix Davin dans son introduction à *La Comédie humaine*, a demandé à la chimie ce qu'elle avait fait, jusqu'où elle était allée; il en a appris la langue; puis, « s'élevant d'un de ces vigoureux coups d'aile de poète, qui font entrevoir les hauteurs immenses que la science expérimentale gravit péniblement, il s'est armé d'une de ces éblouissantes hypothèses qui, peut-être, un jour seront des ventes démontrées ».

Madeleine Ambrière a déterminé l'essentiel des sources scientifiques auxquelles Balzac avait puisé[2]. Un jeune scientifique, Laugier, ami d'Arago, a enseigné la chimie à Balzac, en lui faisant avaler les huit volumes du Traité de Berzélius, qui à l'époque était le livre de référence des chimistes. D'autre part, Balzac a lu les *Leçons de la philosophie chimique* et probablement *Les Éléments de philosophie chimique* de Davy. Il a donc non seulement, comme il le raconte, appris la langue mais il a aussi cherché dans ses lectures une conception philosophique de la chimie, une perspective qui inspirât la quête de son héros.

Mme Ambrière insiste sur le fait que Balzac s'est défendu d'avoir voulu créer en Balthazar Claës un type d'alchimiste. A l'appui de sa thèse le démenti de Félix Davin. « Quelques uns ont cru, d'autres ont répété que les travaux de Balthazar Claës aboutissaient à la recherche de la pierre philosophale (...). Si les critiques avaient lu avec quelque attention ce livre, qui en mérite beaucoup, ils auraient vu que le sublime flamand est aussi supérieur aux anciens et nouveaux alchimistes que les naturalistes de notre époque le sont à ceux du Moyen Age ».

Et pourtant, le roman lui-même rattache la quête de l'Absolu aux idées des Alchimistes. Il est donc intéressant de tenter l'analyse des rapports qu'entretiennent la chimie, l'alchimie et la philosophie

2. M. Ambrière. Introduction à *La Recherche de l'Absolu*, bibl. Pléiade, t. 10, p. 623-55.

de la nature implicite que nous distille Balzac en filigrane au travers de son roman. Mais avant d'analyser les passages de la Recherche de l'Absolu qui traitent de ces aspects, il n'est pas inutile de chercher à dégager, à grands traits, les conditions de la naissance de la chimie moderne et les principaux courants qui divisent la physique à l'époque où Balzac nous conte les souffrances de Balthazar Claës...

Naissance de la chimie

C'est au cours des dernières années du XVIIIe siècle que se constituent les bases de la chimie. Des savants mettent en évidence, au travers de l'étude de réactions chimiques, les constituants de l'air et de l'eau. En 1765, Cavendish, étudiant l'action de l'acide sulfurique diluée sur le fer, trouve que le gaz que dégage cette réaction est combustible et forme avec l'air un mélange détonnant: il l'appelle air inflammable (il s'agit de l'Hydrogène). En 1774, Lavoisier répète une expérience faite un siècle plus tôt par un médecin périgourdin, Jean Rey: celui-ci, ayant brûlé de l'étain, avait constaté que les résidus de la combustion avaient une masse supérieure à celle de l'étain, une partie de l'air s'était donc mêlée à l'étain lors de la combustion. Lavoisier ne s'occupe pas du résidu de cette combustion mais de la partie de l'air non brûlée qu'il nomme mofette (il s'agit de l'Azote).

Puis, en 1776, Lavoisier refait les expériences de Priestley et met en évidence ce qu'il appelle l'Air vital – c'est l'Oxygène. Priestley l'avait appelé Air déphlogistiqué: cette appellation n'est pas anodine car si le savant anglais épouse encore la théorie du phlogistique, Lavoisier est le premier à la combattre, en attribuant la combustion directement à l'Oxygène. Il montre par ailleurs que la respiration est un phénomène de combustion lente... Le feu n'est donc qu'une des manifestations de la combustion. Enfin, c'est la synthèse de l'eau, à partir d'« air vital » et d'« air inflammable », expérience réalisée par Cavendish, puis par Lavoisier et Laplace, qui démontre que l'eau non plus n'est pas une substance simple.

Les quatre éléments la terre, l'eau, le feu, l'air ne sont plus les constituants ultimes de la matière, comme l'affirmait encore en 1766, le *Dictionnaire de la chimie* de Macquer. A ces corps simples se substituent les éléments chimiques, résultats de l'analyse.

Ainsi que le dit Lavoisier:

> *La chimie marche donc vers son but et vers sa perfection en divisant, subdivisant et resubdivisant encore, et nous ignorons quel sera le terme de ses succès. Nous ne pouvons assurer que ce que nous regardons comme simple aujourd'hui le soit en effet; tout ce que nous pouvons dire, c'est que telle substance est le terme actuel auquel arrive l'analyse chimique et qu'elle ne peut plus se subdiviser au-delà, dans l'état actuel de nos connaissances*[3].

Cette conception nouvelle de la matière se traduit aussi par une unification des appellations: acide sulfurique au lieu d'huile de vitriol, acide acétique pour « l'esprit de Vénus », l'oxyde de fer au lieu du « safran de Mars », etc.

Au début du XIXe siècle se précisent les conditions quantitatives des réactions: Proust découvre que les éléments ne s'unissent entre eux pour former une combinaison que dans des proportions pondérales absolument définies. Ainsi, pour faire la synthèse de l'eau il faut de l'oxygène et de l'hydrogène dans la proportion du simple au double. Gay-Lussac trouve une loi similaire en ce qui concerne les volumes. Le rôle de l'électricité dans la réaction chimique est mis en évidence par Davy qui constate que l'hydrogène va vers le pôle négatif.

Enfin en 1806, Dalton émet le premier l'hypothèse atomique. Mais il commet des erreurs en ce qui concerne les rapports quantitatifs dans lesquels entrent les atomes pour former les substances chimiques.

En réaction à l'hypothèse atomique, qui ne paraît pas satisfaire les conditions expérimentales, Richter conçoit une théorie des équivalents, consistant en une classification de toutes les réactions connues. Cette théorie sera développée par Berzélius et rencontrera du

---

3. *Traité élémentaire de chimie*, 1789.

succès auprès des scientifiques anglais et français: Davy, Bertholet, Jean-Baptiste Dumas et, plus tard encore, Berthelot, qui fera figure, en cette deuxième moitié du dix-neuvième siècle, d'équivalentiste attardé... Ce courant de pensée positiviste a d'ailleurs eu un effet retardateur car ces chimistes avaient du prestige du fait de leurs compétences: « si j'en étais le maître, dit Jean-Baptiste Dumas, j'effacerais le mot atome de la science, persuadé qu'il va plus loin que l'expérience, et jamais en chimie nous ne devons aller plus loin que l'expérience ». Et Berthelot, qui était Sénateur, sera bien près de réaliser le vœu de Dumas, en faisant disparaître pendant des années le mot atome des programmes d'enseignement...

Pourtant, dans cette période, le courant atomiste se renforce: en 1811, Avogadro émet l'hypothèse qu'un gaz est formé de vide et de molécules, et que leur nombre dépend uniquement du volume de gaz. Ampère montre la compatibilité de cette hypothèse avec les lois de Boyle-Mariotte et Gay-Lussac. Un botaniste, Brown, constate, en étudiant au microscope des graines de céréales en suspension dans l'eau, que celles-ci sont soumises à un mouvement erratique, et que, lorsque la température augmente, le mouvement s'accélère. Enfin Berzélius, dans sa classification des réactions, utilise implicitement la théorie atomique, en particulier en chimie organique où il met en évidence les premiers isomères: son hypothèse, qui se révélera juste, est que deux substances chimiques peuvent être composés des mêmes atomes: leur différence peut résider uniquement dans la configuration spatiale des atomes. Gherardt continue les travaux de Berzélius en utilisant l'idée d'atome.

Les derniers résultats de Berzélius et les travaux de Gherardt sont un peu postérieurs à *La Recherche de l'Absolu*. A l'heure où Balzac écrit, les deux courants, atomiste et équivalentiste, coexistent: la prédominance allant, en France en particulier, aux équivalentistes.

Cet état des connaissances, nous le retrouvons dans le personnage de Balthazar Claës.

La chimie et l'alchimie dans *La recherche de l'Absolu*

Le personnage principal qui incarne « les efforts de la chimie » a été « le plus ardent disciple de Lavoisier ». Adam de Wierzchownia, un gentilhomme polonais, le renvoie à sa passion de jeunesse. Il gagne Balthazar Claës à son projet: la recherche de l'Absolu. Les connaissances et les expériences qui étayent la démarche et le raisonnement du polonais dans le récit qu'en fait Balthazar Claës à sa femme sont les connaissances que Balzac a puisées directement dans le Traité de Berzélius.

> *Et bien vous avez reconnu comme moi que la gomme arabique, le sucre et l'amidon mis en poudre donnent une substance absolument semblable, et à l'analyse un même résultat qualitalif.*

Ce constat se trouve chez Berzélius mais Balzac exagère la conclusion. Là où Berzélius suggérait l'hypothèse de principe commun à ces trois éléments, Balzac insiste sur l'identité des résultats de l'analyse qualitative des trois substances.

Le scientifique polonais renchérit: « Monsieur, me dit-il, la parité de ces trois substances en apparence si distinctes m'a conduit à penser que toutes les productions de la nature devaient avoir un même principe »... Selon lui, la création se divise en deux portions distinctes, l'organique et l'inorganique.

> *Or l'analyse a réduit tous les produits de cette nature à quatre corps simples, le carbone et trois gaz, l'hydrogène, l'azote et l'oxygène. Quant aux 53 éléments de la nature inorganique, ils ont un principe commun, modifié jadis par l'action d'une puissance éteinte aujourd'hui, mais que le génie humain doit faire revivre. Supposez que cette puissance soit réveillée, nous aurions une chimie unitaire...*
>
> *La nature organique repose sur quatre principes, et si nous parvenions à décomposer l'azote, que nous devons considérer comme une négation nous n'aurions plus que trois. Nous voici déjà près du grand ternaire du Moyen âge...*

Et bien loin de la chimie du dix-neuvième siècle! En effet si les expériences que décrit Balzac, l'état des connaissances des constituants de la nature, sont tirés des traités de chimie, l'interprétation qu'en fait Balzac n'est plus une interprétation scientifique: un glissement de signification se fait sur le mot principe: principe est à la fois pris pour une propriété qualitative différente et pris pour une substance.

L'azote qui est une substance devient une négation, un entité logique. L'évocation du grand Ternaire renforce ce glissement de signification: au temps de Paracelse, les trois principes qui régentent le dynamisme des phénomènes matériels sont le mercure, le soufre et le sel... Comme le dit Bachelard:

> *... de longues discussions traverse la chimie pour savoir si ces principes doivent être vraiment rattachés au mercure, au soufre et au sel commun. Le mercure philosophique n'est-il pas le principe de toute liquidité, la force même qui provoque toute dissolution? Dans cette vue, le mercure commun n'apporte qu'un exemple de cette puissance de dissolution quand il dissout l'or el l'argent. Mais dans cette expérience, c'est le mercure philosophique qui agit et quand on pensera action et non seulement substance, il faudra reconnaître l'action de ce mercure philosophique dans toute dissolution d'une substance*[4].

Principe et substance, ce dédoublement caractéristique de l'alchimie et de ce que Bachelard appelle la période de la pré-chimie, Balzac le réintroduit. C'est dans ce sens qu'il faut prendre l'idée que l'azote doit être considéré comme une négation... On donne à la substance azote la signification d'une entité logique.

Deuxième expérience à l'appui de cette hypothèse unitaire de Balzac: l'expérience décrite dans le *Traité de Berzélius* et que Balzac reprend mot pour mot: en faisant pousser des graines de cresson dans de la fleur de soufre, arrosée d'eau distillée, puis en les brûlant, on trouve du phosphate, de l'acide silicique, de l'alumine, du

4. Bachelard. *Le matérialisme rationnel*, Paris, 1953, PUF 1990, p. 39.

carbonate calcique, du sulfate, du carbonate potassique, substances que ni les graines, ni la fleur de soufre ne contiennent:

> *Ainsi l'air, l'eau distillée, la fleur de soufre et les substances de la graine, ainsi que la potasse, la chaux, la magnésie, l'alumine, etc., auraient un principe commun errant dans l'atmosphère telle que la fait le soleil... de cette irrécusable expérience, s'écria-t-il, j'ai déduit l'existence de l'absolu! Une substance commune à toutes les créations modifiée par une force unique, telle est la position nette et claire du problème de l'absolu et qui ma semblé cherchable...*

Ce principe commun dont parle Balzac rappelle le principe aérien que la chimie au XVIIIe siècle ajouta aux trois principes de Paracelse. Il y a donc chez Balzac identification des principes et des substances... Il y a ainsi dans la chimie moderne une place pour une recherche de l'Absolu. Cette recherche de l'Absolu est d'ailleurs reliée presque immédiatement à la tradition alchimique. « Stahl, Becher, Paracelse, Agrippa, tous les grands chercheurs des causes occultes ».

Or, ce n'est pas du tout la direction que prend la chimie à l'époque de Balzac: les réactions chimiques étudiées et l'analyse toujours plus poussée des substances obtenues font apparaître toujours plus d'éléments rendant de plus en plus problématique l'existence d'un grand Principe commun à toutes les substances: la nature est une dans la diversité. C'est d'ailleurs cette problématique qu'épouse Balthazar Claës dans les expériences que nous décrit Balzac:

> *Tu ne sais donc pas ce que j'ai fait depuis trois ans? Des pas de géant! ma Pépita (...) j'ai combiné le chlore et l'azote, j'ai décomposé plusieurs corps jusqu'ici considérés comme simples, j'ai trouvé de nouveaux métaux... Tiens, dit-il en voyant les pleurs de sa femme, j'ai décomposé les larmes.*

Et Balthazar Claës d'affirmer que tout peut s'expliquer par les réactions chimiques: « jusqu'à la pensée, révélée par les phosphates, les sulfates et les carbonates que fournit son corps à l'analyse ». Voici où la chimie du flamand s'oppose au raisonnement métaphysique qui précédait. En effet, les larmes contiennent du sodium, notre corps contient du phosphate, du soufre, alors que le Polonais venait d'affirmer que les substances organiques étaient constituées de quatre substances (carbone, hydrogène, oxygène et azote) et qu'il s'en fallait de peu – moyennant la décomposition de l'azote! – qu'il n'y en eut que trois: le grand Ternaire!

Ainsi deux démarches contradictoires guident Balzac dans la description du comportement de Balthazar Claës, d'un côté la chimie moderne, ses expériences, la décomposition analytique des substances; de l'autre, cette hypothèse idéaliste, métaphysique qui est voisine de la problématique de l'alchimie, dont Bachelard a écrit qu'elle était le plus grand obstacle à l'élaboration et au développement de la chimie.

La recherche de l'Absolu qui va tenir lieu, pour Balthazar Claës, de programme de recherches, curieusement, ne comprend aucune expérience et pour cause: elle ne peut donner lieu à aucune expérience chimique. Ce qui tiendra lieu d'expérience plausible, c'est la cristallisation du carbone: les travaux de Lavoisier puis ceux de Guyton de Morveau et de Davy en 1812 avaient montré que le charbon et le diamant étaient composés du même élément: du carbone à l'état pur. D'où l'idée de réaliser la synthèse du diamant. Une telle idée avait déjà suscité plusieurs programmes d'expériences à tel point qu'une querelle de priorité avait même éclaté entre deux savants à ce sujet. Arago avait été le médiateur et avait même rendu public l'existence d'une troisième expérience qui permettrait l'électrolyse du diamant: c'est cette expérience qui est décrite dans *La recherche de l'Absolu.*

En réalité, si bien des savants, tout au long du dix-neuvième siècle, ont cru pouvoir réaliser la synthèse du diamant, celle-ci n'a pu être réalisée pour la première fois qu'en 1955 par Perey Bridgman en chauffant du carbone et un métal à 1500°C et sous une pression de cent mille atmosphères. En refroidissant le mélange très rapidement, le métal comprime le carbone, ce qui provoque la cristallisation souhaitée.

Ainsi, le roman de Balzac est le siège d'une dualité: les résultats accumulés de la chimie moderne entrent en contradiction avec une métaphysique encore défendue par les savants français que le romancier a eu l'occasion de rencontrer ou de lire: Jean-Baptiste Dumas, Bertholet, Arago, sont les tenants d'une démarche qui s'oppose au développement de la théorie atomiste: et de ce point de vue, ils sont les derniers défenseurs, sur le terrain de la chimie, d'une métaphysique idéaliste et positiviste qui a encore quelques points en commun avec l'alchimie. Balthazar Claës illustre ainsi, à sa manière, les efforts de la chimie moderne pour se délivrer des idées héritées de l'ancienne alchimie.

Enfin, le héros de Balzac, parti seul à l'assaut de la science, montre que celle-ci ne peut plus au XIXe siècle être le fait de chercheurs isolés: il y faut des moyens dont seuls les Etats peuvent disposer: les millions qui partent en fumée dans les expériences de Balthazar Claës, la ruine de la maison Claës, sont le signe que la recherche scientifique est devenue une affaire sociale.

Seduziu tanto Hollywood quanto a Cinecittà

*Laurent Desbois**

Morto aos 45 anos, antes do nascimento oficial do cinematógrafo em Paris, Honoré de Balzac figura entre os autores mais adaptados para o cinema. Desde *La Peau de Chagrin*, de Albert Capellani, em 1909, até *A prima Bette*, em 1998, com Jessica Lange e Geraldine Chaplin, calcula-se mais de cinqüenta adaptações dos romances de *A comédia humana*. Um recorde batido ou igualado por poucos autores: Shakespeare, Victor Hugo, Alexandre Dumas pai e Émile Zola. Na lista dos autores favoritos da tela, em seguida, impõem-se outros franceses: Maupassant, Jules Verne, Mérimée com *Carmen*, Dumas filho com *A dama das camélias*, Charles Perraut (de George Méliès a Walt Disney), Simenon (único contemporâneo que ultrapassa trinta adaptações), e Dostoievski, o russo. Mas tão amado pelo cinema, Balzac é também, paradoxalmente, mal-amado.

Ao contrário de Émile Zola ou de Victor Hugo, ele não inspirou à sétima arte quase nenhuma obra fundamental, alguma obra-prima incontestada. Nenhum gênio do cinema ousou atacar Balzac

* Professor de Letras Clássicas e Coordenador Pedagógico no Lycée Pasteur. Trabalha como colaborador para *Cahier du Cinéma* (França) e *O Estado de S. Paulo* (Brasil).

Este artigo foi publicado em *O Estado de S. Paulo* em maio de 1999.

– nem Abel Gance, Orson Welles, Visconti, nem mesmo Jean Renoir que, no entanto, adaptou Flaubert (*Madame Bovary*), Maupassant e Zola, apresentando verdadeiras jóias, como *La partie de campagne* ou *A besta humana* (*La Bête humaine*), que Fritz Lang modernizou de maneira brilhante nos Estados Unidos. O cinema mudo e a TV melhor serviram ao romancista do que o cinema falado, preto-e-branco ou colorido, como se a palavra ou o *cinemascope* fossem muito pouco adequados ao entomologista da natureza humana.

Todavia, a universalidade de suas obsessões romanescas seduziram tanto Hollywood quanto Cinecittà, admiradores de personagens melodramáticos ou grandiloqüentes, como Eugénie Grandet e Vautrin, grandes criações balzaquianas, que o americano Lionel Barrymore e a italiana Alida Valli representaram com prazer. Nos anos 50-60, o Leste Europeu também se interessou muito pelas *Cenas da vida parisiense* e pelas virulentas denúncias do Mal social feitas, com talento, pelo criador do banqueiro Nucingen ou do carreirista Eugène de Rastignac. Balzac foi filmado muitas vezes na União Soviética, Ucrânia, Estônia, Alemanha Oriental, Iugoslávia, na Checoslováquia e Hungria, Praga e Budapeste, retomando os sotaques de Paris de antigamente.

Quanto ao cinema francês, conheceu uma moda balzaquiana durante a ocupação alemã. O público esquecia as dores da guerra nos filmes de costumes e o universo balzaquiano respondia a essa necessidade de evasão no tempo. Entre 1942 e 1946, foram vistos oito filmes balzaquianos de grande sucesso de crítica e de público, com oito estrelas no zênite: Danielle Darieux em *La Fausse maîtresse*, Edwige Feuillère em *La Duchesse de Langeais* (adaptada por Jean Giraudoux), Micheline Presle em *La Grande Bretèche*, Michel Simon em *Vautrin*, Raimu em *Coronel Chabert* (*Colonel Chabert*, revisto por Pierre Benoît), Pierre Larquey em *Père Goriot* e Jean Marais em *Les Chouans*. Atores da Comédie Française passam de um filme para outro com a desenvoltura dos artistas de trupe, criando uma verdadeira família de atores balzaquianos: uma piscadela para o projeto inicial de *A comédia humana*, o princípio da volta dos personagens. Além da reivindicação patriótica de um autor tipicamente francês, pode-se detectar também, nesse entusiasmo por Balzac, uma necessidade de exprimir, por meio da metáfora do filme de época, angústias contemporâneas. A Paris ocupada lembra a Paris oprimida de Balzac: o povo sofre com a ocupação insolente e todo-poderosa de ricos dominadores. Nos porões ou nos sótãos ainda são feitos complôs e procura-se vencer os déspotas. Em *Les Chouans*, filme de 1946, a luta dos monarquistas e dos revolucionários torna-se, logo após a guerra, uma alegoria sutil e ambígua do combate entre os que participaram da Resistência e os colaboracionistas.

Filmes interessantes, sim. Grandes filmes, não. Na França, mais tarde, Jean-Gabriel Albicocco em *A garota dos olhos de ouro* (*La Fille aux yeux d'or*, 1960), depois Jacques Rivette (*Out one spectre*, 1974, baseado em *L'histoire des 13*, e *La Belle Noiseuse*, 1994) propuseram leituras originais modernas e pessoais, bem superiores ao muito acadêmico *Coronel Chabert*, com Gérard Depardieu, em 1995. Um Dépardieu interpretando, hoje, o próprio Honoré de Balzac em uma biografia rodada para a televisão francesa, que, desde o seu início, se interessou pelos romances do escritor: umas trinta realizações entre as quais *Le Lys dans la vallée*, muito bem feita, com Delphine Seyrig e Alexandra Stewart (1970).

A soberba estrela polonesa Beata Tyskiewicz, esposa e musa de Andrzej Wajda, interpreta com grande refinamento e sutileza Eva Hanska numa excelente biografia gravada para a televisão: *Un Grand Amour de Balzac* (1974).

Mas é o cinema mudo que melhor homenageia Balzac: o cineasta experimental, Jean Epstein, adapta, por exemplo, em 1923, *L'Auberge rouge*, considerado hoje por seus raros espectadores a única obra-prima cinematográfica adaptada de Balzac, talvez com *L'Homme du large*, de Marcel L'Herbier, outro pioneiro da mesma época, filme inspirado em *Un Drame au bord de la mer.*

E quem se lembra de uma das primeiras estrelas do cinema: Jeanne de Balzac? Parente autêntica do romancista, foi uma das primeiras estrelas francesas de Hollywood, na época em que os americanos adoravam nomes célebres ou aristocráticos: Adrienne d'Ambricourt, Héléna d'Algy, Andrée La Fayette, Claudette Colbert. Célebre na França após encenar Salammbô, de Flaubert, em 1925, morreu em plena glória aos 30 anos, pouco depois de ter interpretado em

Hollywood a heroína de *La Peau de chagrin*, em uma brilhante versão muda do romance de seu avô intitulado *Slave of Desire*.

Splendeurs et miseres de Balzac au cinema

Laurent Desbois[*]

Mort 45 ans avant la naissance officielle du cinématographe à Paris, Honoré de Balzac figure parmi les auteurs les plus adaptes au cinéma. Depuis *La Peau de chagrin* d'Albert Capellani en 1909 jusqu'à *La Cousine Bette* en 1998 avec Jessica Lange et Geraldine Chaplin, on compte plus de cinquante adaptations des romans de *La comédie humaine*. Un record battu ou égalé par peu d'auteurs: Shakespeare, Victor Hugo, Alexandre Dumas père et Emile Zola. Dans la liste des auteurs favoris de l'écran s'imposent ensuite d'autres Français: Maupassant, Jules Verne, Mérimée avec *Carmen*, Dumas fils avec *La Dame aux camélias*, Charles Perrault (depuis Charles Mélies jusqu'à Walt Disney), Simenon le Belge francophone (seul contemporain dépassant trente adaptations) et Dostoïevski le Russe. Mais tant aimé par le cinéma, Balzac est paradoxalement mal-aimé.

Car contrairement à Emile Zola ou Victor Hugo, il n'a guère inspiré au septième art d'œuvre essentielle, de chef d'œuvre incontesté. Aucun génie du cinéma n'a osé s'attaquer à Balzac, ni Abel

---

* Professeur de lettres classiques et coordinateur pédagogique, Lycée Pasteur, São Paulo. Collaborateur des *Cahiers du Cinéma* (France) et de *O Estado de S. Paulo* (Brésil).

Cet article a paru dans *O Estado de S. Paulo* en Mai 1999.

Gance ni Orson Welles ni Visconti ni même Jean Renoir qui pourtant adapta Flaubert (*Madame Bovary*), Maupassant et Zola offrant de véritables joyaux comme *La Partie de campagne* ou *La Bête humaine* (que Fritz Lang modernisa brillamment aux Etats-Unis). Le cinéma muet et la télévision ont mieux servi le romancier que le cinéma parlant, noir et blanc ou couleur, comme si la parole ou le cinémascope ne convenaient guère au maître de la description et à l'entomologiste de la nature humaine. Pourtant l'universalité de ses obsessions romanesques a autant séduit Hollywood que la Cinecittà, friands de personnages mélodramatiques ou grandiloquents comme Eugénie Grandet ou Vautrin, grands personnages balzaciens que l'américain Lionel Barrymore ou l'italienne Alida Valli ont campé avec bonheur. Dans les années 50-60, l'Europe de l'Est s'est également beaucoup intéressée aux *Scènes de la vie parisienne* et aux virulentes dénonciations du Mal social faites avec talent par le créateur du banquier Nucingen ou de l'arriviste Eugène de Rastignac. On a souvent filmé Balzac en Union Soviétique, d'Ukraine en Estonie, en Allemagne de l'Est, en Yougoslavie, en Tchécoslovaquie, en Hongrie, Prague et Budapest retrouvant les accents du Paris d'autrefois.

Quant au cinéma français, il connut une vogue balzacienne pendant l'Occupation allemande. Le public oubliait les douleurs de la guerre dans les films à costumes et l'univers balzacien répondait à ce besoin d'évasion dans le temps. L'époque était aussi aux textes et aux dialogues de prestige, aux grands comédiens élégants et posés. Entre 1942 et 1946 on vit donc huit films balzaciens de grand succès critique et populaire avec huit stars au zénith: Danielle Darieux dans *La Fausse maîtresse*, Edwige Feuillère dans *La Duchesse de Langeais* (adaptée par Jean Giraudoux et prévue pour Greta Garbo), Micheline Presle dans *La Grande Bretèche*, Michel Simon en *Vautrin*, Raimu en *Colonel Chabert* (revu par Pierre Benoît), Pierre Larquey en *Père Goriot* et Jean Marais dans *Les Chouans*. Des acteurs de la Comédie Française passaient d'un film à l'autre avec l'aisance habituelle des gens de troupe, créant une véritable famille d'acteurs balzaciens: clin d'œil au projet initial de *La Comédie humaine*, le principe du retour des personnages. Outre la revendication patriotique d'un auteur typiquement français, on peut déceler aussi dans cet engouement pour Balzac un besoin d'exprimer à travers la métaphore du film d'époque des angoisses contemporaines. Le Paris occupé ressemble au Paris opprimé de Balzac: le peuple y souffre de l'Occupation insolente et toute-puissante de riches dominateurs. Dans les caves ou les greniers on complote aussi et on cherche à vaincre les despotes. Dans *Les Chouans*, fin de 1946, la lutte des Royalistes et des Révolutionnaires devient dans l'immédiat après-guerre une allégorie subtile et ambiguë du combat entre les Résistants et les Collaborateurs.

Des films intéressants, oui. De grands films, non. En France plus tard Jean-Gabriel Albicocco (*La Fille aux yeux d'or*, 1960 avec Marie Laforêt) puis Jacques Rivette (*Out one spectre*, 1974 d'après *L'Histoire des 13*; *La Belle Noiseuse*, 1994) proposeront d'originales lectures modernes et personnelles, bien supérieures au très académique *Colonel Chabert* avec Gérard Depardieu en 1995. Un Depardieu incarnant aujourd'hui le propre Honoré de Balzac dans une biographie tournée pour la télévision française, qui s'intéressera dès ses débuts aux romans de Balzac: une trentaine de réalisations dont *Le Curé de tours* avec Jean Carmet et *Le Lys dans la vallée*, très réussi, avec Delphine Seyrig et Alexandra Stewart (1970). La superbe étoile polonaise Beata Tyszkiewicz, épouse et muse d'Andrzej Wajda, interprète avec beaucoup de raffinement et de subtilité Eva Hanska dans une excellente biographie télévisée intitulée *Un Grand Amour de Balzac* (1974).

Mais c'est le cinéma muet qui a le mieux honoré Balzac: le cinéaste expérimental Jean Epstein tourne par exemple en 1923 *L'Auberge rouge*, considéré à ce jour par ses rares spectateurs comme le seul chef d'œuvre cinématographique tiré de Balzac, avec peut-être *L'Homme du large* de Marcel l'Herbier, autre pionnier de la même époque, film inspiré d'*Un Drame au bord de la mer.*

Et qui se souvient anjourd'hui d'une des premières étoiles du cinématographe: Jeanne de Balzac? Authentique parente du romancier, elle fut l'une des premières stars françaises d'Hollywood, à l'époque où les américains raffolaient des noms célèbres ou aristocratiques: Adrienne d'Aubricourt, Marguerite de La Motte, Héléna d'Algy, Andrée La Fayette, Claudette Colbert. Célèbre en France après avoir incarné *Salammbô* de Flaubert en 1925, elle mourut en pleine gloire à 30 ans, peu après avoir interprété à Hollywood l'héroïne de *La Peau de chagrin* dans une flamboyante version muette du roman de son aïeul intitulée outre-Atlantique *Slave of Desire*.

As traduções brasileiras da Comédia Humana ou "A operação Balzac"

Mônica Cristina Corrêa *

Aos duzentos anos do nascimento do escritor francês Honoré de Balzac, o Brasil – país onde a cultura francesa foi sempre bem acolhida e admirada, sendo até mesmo "incorporada" – pode prestar-lhe uma justa homenagem. Os brasileiros, desde a época da colonização, têm-se mostrado bastante francófilos; o Brasil é ainda hoje o país de toda a América Latina que compra o maior número de títulos franceses para tradução[1]. Trata-se de uma espécie de "tradição" literária brasileira, cujo repertório denuncia forte atração pelo universo francês. É nesse quadro que se encontra uma admirável tradução da obra inteira de Balzac – ao menos no que concerne à *Comédia humana* – tradução por sinal muito bem cuidada e cuja repercussão se verifica até na França.

Isso já bastaria para que nunca se negligenciasse o nome de Paulo Rónai ao fazer-se referência a Balzac no Brasil. Trata-se de um dos mais famosos especialistas da obra do escritor, e de alguém cuja realização – a direção dessa tradução – nos legou o acesso a um mundo maravilhoso, o de Balzac, ou, mais precisamente, a um

* Mestre em Literatura Francesa pela Universidade de São Paulo.

1. Cf. Jean Soublin, "L'état paradoxal de la lecture", in *Le Monde*, Paris: 20/3/1998.

mundo que o Brasil tomou, durante muito tempo, como modelo. As traduções brasileiras dessa obra atestam nosso interesse pela França até meados deste século.

> *Um dia fui à casa de Honoré de Balzac, em Paris. Assinei o registro de visitantes e mal começara a fazer o* tour *habitual, quando um senhor comprido veio atrás de mim, muito afobado:*
>
> *– Com licença, senhorita, vi seu nome lá no livro, vi que veio do Brasil... Por acaso é parente do famoso professor Rónai?*
>
> *Respondi que sim, que por acaso era filha do famoso professor Rónai. O senhor comprido ficou encantado:*
>
> *– Ah, mademoiselle! Que prazer, que satisfação inesperada...!*
>
> *Com um "permite-me" dos velhos tempos, tomou meu braço e fez questão de me acompanhar, passo a passo pela casa inteira, mostrando com entusiasmo todos os tesouros sob sua guarda: o jardim, a escrivaninha – os papéis, o tinteiro. Na saída me conduziu por um corredor até uma estante envidraçada e piscou para mim:*
>
> *– Quero lhe mostrar uma coisa especial.*
>
> *La por trás do vidro, havia edições de Balzac em todas as línguas imagináveis. No meio delas, os 17 volumes da* Comédia Humana *em português, muito familiares que o senhor comprido me mostrou satisfeito:*
>
> *– Essa é a famosa edição do senhor professor*[2].
>
> Cora Rónai

Esse trecho de um artigo publicado no jornal *O Estado de S. Paulo*, escrito por Cora Rónai, filha de Paulo Rónai, pode, por si mesmo, nos dar uma idéia do que foi – ou do que é e sempre será – a tradução brasileira de *A comédia humana* de Honoré de Balzac.

---

2. Cora Rónai, "Papai, uma vida dedicada ao senhor Honoré de Balzac", in Caderno 2, *O Estado de S. Paulo*, São Paulo: 20/7/1989.

Não se pode, obviamente, avaliar a dificuldade que constituiria a tradução da *Comédia* se não se compreende sua complexidade. No entanto, não seria o caso de falar de sua extensão, nem de pensar em termos de problemas linguísticos. Ainda que tais problemas se apresentem e que numerosos obstáculos vindos da diferença de idioma tornem muito audaciosa tal realização, foi numa outra aventura que se mostraram obstinados os tradutores balzaquianos: a aventura de pintar um tempo, de recriar em outros contextos, os costumes, o pensamento de toda uma época. Seria antes o caso de transpor – ou "transcriar" para empregar aqui o termo do poeta e tradutor brasileiro Haroldo de Campos[3] – uma sociedade. Embora seja este um apecto tangente a todo trabalho de tradução literária que se volte a textos não contemporâneos aos do original, no caso de Balzac o problema se revela um pouco mais complexo. Tomando-se como certas as palavras de Erich Auerbach[4], em sua famosa *Minesis*, Honoré de Balzac, além de instaurar definitivamente o realismo na literatura francesa (ao lado de Stendhal), é um escritor que "considera o presente como história", um escritor para quem o presente é uma espécie de elemento histórico. "Balzac submerge seus heróis bem mais profundamente [comparativamente a Stendhal] na temporabilidade" – diz Auerbach[5].

É justamente essa "empreitada" que fez de Balzac um escritor único em seu tempo e na história da literatura ocidental. E é também essa característica que coloca a maior dificuldade – senão armadilha – diante dos tradutores . Não bastaria a estes ter conhecimentos linguísticos, mas seria necessária a compreensão de uma técnica que mistura de modo quase inextricável realidade com ficção, compondo, aos poucos, o que se poderia denominar "mozaico balzaquiano".

E não seria tudo: é necessário acrescentar que Balzac decidiu transformar suas obras em trabalho total e coerente. Numa peque-

3. Haroldo de Campos, "Da tradução como criação e como crítica", in *Metalinguagem*. Ensaios de teoria e crítica literária, São Paulo: Vozes, 1967, p. 21-8

4. Erich Auerbach, *Mímesis. A representação da realidade na literatura ocidental*, trad. George B. Sperber & Suzi F. Sperber, série "Estudos", São Paulo: Perspectiva, 1971, p. 419.

5. Idem, p. 421.

na, porém consistente biografia do escritor, *A vida de Balzac*[6], o especialista e professor Paulo Rónai afirmou tratar-se de uma "tarefa gigantesca" realizada pelo escritor, sem contar com o auxílio de colaboradores. As personagens de Balzac começaram, então, a ter certa existência mais permanente, e a gozar, no conjunto, de uma série de relações complexas.

Não obstante, a tradução desse monumento que se tornara *A comédia humana* dificilmente seria realizada por um único sujeito-tradutor. Enquanto o autor era um só, fundido às vezes com as pessoas da sociedade que ele "pintava", os tradutores, afastados no tempo, corriam constantemente o risco de perder-se no meio das inumeráveis conexões entre as personagens e as situações que, como observara Auerbach[7], eram a ocorrência de um "presente", o presente do século de Balzac. Assim, o problema de traduzir-se a *Comédia*, nesse sentido, abrange o problema das "vozes", que através da palavra de tantos personagens, narram, como testemunhas, o século XIX, visto por *um* sujeito-autor.

Sendo os tradutores mais de um, seus "sujeitos" – plurais necessariamente – nunca poderiam, malgrado os esforços para bem transpor o texto balzaquiano, refazer a unidade do original, que, sem primeira pessoa, contituía, não obstante, o pronunciamento de um narrador unívoco[8]. Assim sendo, é inevitável a pergunta:

6. Paulo Rónai, *A vida de Balzac. Uma biografia ilustrada*, 2. ed. ver. Rio de Janeiro: Ediouro, 1999.
7. Idem, n. 3.
8. Obviamente, é preciso aqui não esquecer os estudos literários, em especial os do russo Mikhail Bakhtin que demonstraram com pertinência a pluralidade de vozes (influências, citações, etc.) que estão presentes em todo o texto literário. No entanto, essa própria constatação pode dar conta de demonstrar o quanto seria difícil conseguir qualquer uniformidade na obra de um autor como Balzac. "Vozes" ali presentes escapariam, sem dúvida a um determinado tradutor, sendo, ao contrário, imediatamente captadas por outro, que lhes imprimiria, inexoravelmente, sua marca pessoal. Não se quer dizer com isso, no entanto, que a tarefa do professor Rónai tenha sido a de "apagar" a presença dos tradutores nos textos de chegada. Isso seria impossível, talvez, além de destruidor do caráter artístico da tradução literária. Mas Rónai, sensível ao talento de seus tradutores e ao mesmo tempo profundo conhecedor da obra balzaquiana, pôde desenvolver melhor as "vozes" do autor, tornando-as mais claras através de suas notas, que ajudam o leitor do texto traduzido a compreender as referências de Balzac, e possivelmente a presença de "outros sujeitos" nesse mesmo narrador.

seria aceitável a tradução em volumes esparsos, sem nenhuma ligação, da *Comédia humana*, quando é mais que conhecida a "tarefa gigantesca" de que se ocupara seu autor para torná-la inteira? E uma vez distanciadas no tempo essas traduções, repletas de vozes distintas, poderiam recriar a sociedade francesa segundo a interpretação que dela fazia Balzac em seu processo criador?

Foi respondendo negativamente a essas questões que o professor Paulo Rónai aceitou engajar-se no que mais tarde chamaria de "a operação Balzac". O público brasileiro, que desde muito admira e reverencia a cultura francesa, pôde então encontrar a tradução completa da *Comédia humana* no século XX, mais precisamente nas décadas de 40 e 50. Nessa época, dada a ruptura nas edições de obras francesas contemporâneas por causa da Segunda Guerra Mundial, as editoras voltaram-se para os autores de domínio público. Foi quando a Editora Globo mandou traduzir toda a obra de Balzac, convidando Paulo Rónai a escrever um prefácio à grande (e ambiciosa, reconheçamos) edição. E por que o professor Rónai, que não era brasileiro, e sim húngaro?

Primeiro porque ele conhecia a obra de Balzac como poucos no Brasil. Quando exilado voluntariamente por causa da guerra, Paulo Rónai já era um apaixonado por línguas. Excelente professor de latim e de francês, aceitaria de bom grado a proposta da Editora Globo. No entanto, ao ler os primeiros romances e contos traduzidos, Rónai se deu conta da falta de unidade e de "unicidade" dos textos, visto que se tratava do resultado do trabalho de vários tradutores. Era preciso, pois, empenhar-se para recuperar a totalidade de Balzac, que se fazia sentir sobretudo na inteireza de sua *Comédia*. Assim, propôs-se a fazer não *um* prefácio geral à obra balzaquiana, mas várias introduções que visavam apresentar cada conto ou romance individualmente; e ele acabou por produzir mais de 80 prefácios. Além disso, as dificuldades para padronizar nomes próprios, nomes de lugares, etc., e ainda os jogos de palavras, anagramas, a etimologia e os homônimos e as referências específicas cujo emprego Balzac não economizava, exigiam, segundo o professor Rónai, uma verificação minuciosa dos originais das traduções. Eis a explicação para as 12 mil notas que ele julgou necessário redigir. Enfim, o resultado dessa peripécia se mostrou nos dezessete tomos que compõem uma tradução também monumental: quinze anos de trabalho e um outro livro, antologia de suas conferências acerca da tradução da *Comédia humana*, que se chama, com justeza, *A tradução vivida*[9]. E é nas páginas desse livro que poderemos ler as lamentações do professor: ele esperava a oportunidade de corrigir os defeitos que ainda encontrava no conjunto da tradução da *Comédia*. Com efeito, a reedição só veio trinta anos mais tarde, quando ele pôde finalmente fazer a revisão que tanto achava necessária.

Esse trabalho justificaria, de fato, o título do artigo de sua filha (transcrito na p. 4) para o jornal *O Estado*: "Papai, uma vida dedicada ao senhor Honoré de Balzac". Desde a juventude, Paulo Rónai se debruçava sobre os textos balzaquianos. Já na biblioteca de Chantilly, na França, ele estudara os primeiros livros que o escritor só assinava com pseudônimo – tema de seu mestrado intitulado "À margem dos romances de juventude de Balzac" (1930). Mais tarde, escreveria no Brasil *Balzac e a Comédia humana*, em 1957, um estudo da obra em que se encontra um capítulo denominado "O Brasil na vida e na obra de Balzac", que analisa a (pequena) presença brasileira na *Comédia*.

As traduções brasileiras da *Comédia humana* contavam, evidentemente, com bons profissionais, e até com poetas como Carlos Drummond de Andrade e Mário Quintana, cujo gênio foi muito louvado pelo professor Rónai. Todavia, seria preciso encarar o trabalho como resultado de duas devoções, de dois amores de Rónai. Antes de tudo a dedicação à literatura francesa que o fizera mergulhar muito jovem na obra de Balzac, e o desdobramento dessa devoção, que se fez na cultura brasileira, pois ele já aprendera o português em seu país natal, onde também organizara uma antologia de nossa poesia (*Mensagem do Brasil*, 1939).

Além disso, seria interessante notar que o zelo de Paulo Rónai também se mostrou para com a tradução, da qual fez um meio de expressão, não subalterno, mas à altura da obra original. Realizou exatamente o que o poeta e teórico francês Henri Mechonnic pro-

9. Paulo Rónai, *A tradução vivida*, coleção Logos, Rio de Janeiro: Nova Fronteira, 1975.

punha em seus estudos: uma espécie de "dessacralização"[10] do original, o que não pressupõe de modo algum sua desvalorização, mas uma recriação enquanto obra de co-autor.

Arrasado de cansaço por seu incessante trabalho, Honoré de Balzac teria confessado, certa vez: "Fala-se muito das vítimas da guerra, das epidemias, mas quem pensaria no campo de batalha das artes, das ciências, das letras, e quanto aos esforços violentos para aí triunfar não amontoam mortos e moribundos?"[11]. Poderíamos retomar, talvez, essas palavras no que se refere ao trabalho do professor Rónai. Ele, que foi vítima da guerra, de certo modo expulso de sua terra natal, transformou o Brasil – seu país de adoção – em campo de batalha das artes. Graças à sua iniciativa os brasileiros podem todos aceder à monumental obra balzaquiana, e por meio dessa "operação Balzac" vimos erguer-se, em língua portuguesa, um monumento digno da grandeza de seu autor.

10. Henri Meschonnic. *Pour la poétique II*, Paris: Gallimard, 1973.

11. Cf. Teófilo Braga, "Balzac e o naturalismo do romance", in *Biblioteca do século*, Rio de Janeiro: Globo, 1950.

LES TRADUCTIONS BRÉSILIENNES DE *LA COMÉDIE HUMAINE* OU "L'OPÉRATION BALZAC"

Par Mônica Cristina Corrêa *

Deux cents ans après la naissance de l'écrivain français Honoré de Balzac, le Brésil – pays où la culture de la France a toujours été plus qu'accueillie et admirée, où cette culture a été plutôt « incorporée » – peut lui rendre un juste hommage. Les Brésiliens, depuis l'époque de leur colonisation, se montrent assez francophiles ; le Brésil est encore aujourd'hui pays de toute l'Amérique Latine qui achète le plus grand nombre de titres français afin de les faire traduire[1]. Il s'agit d'une sorte de « tradition » littéraire brésilienne, dont le répertoire dénonce une forte attirance pour l'univers français. Et c'est là que l'on trouve une admirable traduction de l'œuvre de Balzac toute entière – au moins en ce qui concerne *La Comédie humaine* – une traduction fort soignée et dont la répercussion s'avère même en France.

Cela suffirait pour que l'on néglige jamais le nom de Paulo Rónai lorsqu'on fait référence à Balzac au Brésil. Il s'agit d'un des plus célèbres spécialistes de l'écrivain, et également de quelqu'un dont la réalisation nous a légué l'accès à un monde merveilleux,

---

* Maîtrise en Littérature fraçaise par l'Université de São Paulo.

1. D'après Soublin, Jean, in: *Le Monde*, Paris, 20/03/1998.

celui de Balzac ou, plus précisément, à un monde que le Brésil a pris, pendant longtemps, pour modèle. Les traductions brésiliennes de l'œuvre démontrent notre intérêt par la France jusqu'a la moitié du XXe siècle.

> *Un jour, je suis allée à la maison où avait habité Honoré de Balzac, à Paris. J'ai signé le registre des visiteurs et j'avais à peine commencé le tour habituel, lorsqu'un Monsieur très grand est venu vers moi, tout affolé :*
>
> *– Excusez-moi, Mademoiselle, mais j'ai vu votre nom dans le livre, j'ai remarqué que vous venez du Brésil... Est-ce que par hasard vous êtes de la famille du célèbre Professeur Paulo Rónai ?*
>
> *Je lui ai alors répondu que oui, que j'étais justement la fille du Professeur Rónai. Le très grand Monsieur a été bien charmé :*
>
> *– Ah ! Mademoiselle ! Quel plaisir, quelle satisfaction inattendue...!*
>
> *Puis, avec un « permettez-moi ? » du temps jadis, il m'a offert son bras et il m'a accompagnée, en me montrant, avec enthousiasme, tous les trésors dont il s'occupait : le jardin, le bureau, les papiers, l'encrier. A la sortie il m'a conduite vers un couloir jusqu'à une armoire vitrée et il m'a cligné de l'œil :*
>
> *– Je veux vous montrer quelque chose de très spécial.*
>
> *Derrière la vitre, il y avait des éditions de Balzac dans toutes les langues que l'on puisse imaginer, parmi lesquelles les 17 volumes qui m'étaient bien familiers de* La Comédie humaine *en portugais. Le très grand Monsieur me les a montrés, tout satisfait :*
>
> *– Voilà la célèbre édition du Professeur.*
>
> Cora Rónai[2]

Cet extrait d'un article paru dans le journal brésilien *O Estado de S. Paulo*, écrit par Cora Rónai, la fille du Professeur Paulo Rónai, peut, par lui-même, nous donner une idée de ce qu'a été – ou de ce

2. Cora Rónai, "Papai, uma vida dedicada ao Sr. Honoré de Balzac", in: *Caderno 2 – O Estado de S. Paulo*, São Paulo, le 20/07/1989.

qu'est et sera toujours – la traduction brésilienne de *La Comédie humaine* de Honoré de Balzac.

On ne peut, évidemment, évaluer la difficulté que constituerait la traduction de *La Comédie humaine* si on n'en comprend pas la complexité. En revanche, il ne faudrait pas parler de son extension, ni penser en termes de problèmes linguistiques. Bien que tout cela s'y présente et que d'innombrables obstacles au niveau de la langue rendent bien hardie cette réalisation, c'est à une autre « aventure » que s'acharnaient les traducteurs balzaciens : l 'aventure de peindre un temps, de recréer dans d'autres contextes, les mœurs, la pensée de toute une époque. Bref, il s'agirait plutôt de transposer – ou « transcréer » pour employer ici le terme du poète et traducteur brésilien Haroldo de Campos[3] – une société. Quoique l'on sache qu'il s'agit d'un aspect de la traduction littéraire concernant tout travail qui n'est pas contemporain de l'original, dans le cas de Balzac, le problème se révèle un peu plus complexe. A en croire les mots du critique Erich Auerbach dans sa célèbre *Mimésis*[4], Honoré de Balzac, outre qu'il instaure définitivement le réalisme dans la littérature française (aux côtés de Stendhal), est un écrivain qui « considère le présent comme histoire », un écrivain chez qui le présent est une sorte d'élément historique. « Balzac submerge ses héros bien plus profondément [par rapport à Stendhal] dans la temporalité », dit Auerbach[5].

C'est bien cette « empreinte », qui, d'ailleurs, a fait de Balzac un écrivain unique en son temps et dans l'histoire de la littérature occidentale. Et c'est justement cette caractéristique qui posera la plus grande difficulté – voire un piège – aux traducteurs. Il ne leur suffirait pas d'avoir des connaissances linguistiques, mais il leur faudrait la compréhension d'une technique qui mêle da façon presque inextricable la réalité et la fiction et par là, compose, peu à peu, la « mosaïque balzacienne ».

3. Campos, Haroldo de. "Da tradução como criação e como crítica", in: *Metalinguagem, Ensaios de teoria e crítica literária*, São Paulo: Vozes, 1967, p. 21-38.

4. Auerbach, Erich. *Mímesis. A representação da realidade na literatura ocidental*, trad. George B. Sperber e Suzi F. Sperber, série "Estudos", São Paulo: Perspectiva, 1971. p. 419.

5. Id, ibidem, p. 421.

Et ce ne serait pas tout : il faudrait y ajouter le fait que Balzac a décidé de transformer ses œuvres en travail total et cohérent. C'est dans une petite, mais consistante biographie de l'écrivain, *A vida de Balzac* (*La Vie de Balzac*)[6], que le spécialiste et professeur Paulo Rónai affirmait qu'il s'agissait d'une « tâche gigantesque » réalisée par l'écrivain sans aucun collaborateur. Les personnages de Balzac commencèrent, à ce moment-là, à prendre une existence, pour ainsi dire plus permanente, et à avoir, dans le tout, une série de relations complexes.

Néanmoins, la traduction du monument qu'est devenue *La Comédie humaine*, ne sera guère réalisée par un seul sujet-traducteur. Tandis que l'auteur n'était qu'un seul être fondu parfois avec les gens de la société qu'il « peignait », les traducteurs, éloignés dans le temps, risquaient de s'égarer parmi d'innombrables connexions entre les personnages et les situations qui, comme l'avait remarqué Auerbach[7], était l'occurrence d'un « présent », le présent du siècle de Balzac. De ce fait, le problème de traduire *La Comédie*, dans ce sens, comprend le problème des « voix » qui, au moyen de plusieurs personnages, narrent, à la manière des témoins, le XIXe siècle, d'après un sujet-auteur.

Etant donné que les traducteurs étaient plusieurs, leurs « sujets », – forcément au pluriel – ne pourraient jamais, malgré leurs efforts pour bien transposer le texte balzacien, parvenir à l'unité de l'original, qui, sans être à la première personne, se présentait, toutefois, comme l'ensemble des énoncés d'un narrateur univoque[8]. Pour cette

6. Rónai, Paulo. A vida de Balzac. Uma biografia ilustrada. 2. ed. rev., Rio de Janeiro: Ediouro, 1999.

7. Id, ibidem 3.

8. Evidemmnent, il faut ne pas oublier les études littéraires, surtout celles du russe Mikhail Bakhtine, qui ont très bien démontré la pluralité des voix (influences, citations, etc.) qui sont dans tout texte littéraire. Cependant, cette constatation peut elle-même démontrer combien il serait difficile d'obtenir de l'unifformité dans l'œuvre d'un auteur tel que Balzac. Des « voix » qui s'y présentent échapperaient, sans doute, à un traducteur quelconque, alors qu'elles seraient captées sur-le-champ par un autre traducteur. Celui-ci imprimerait sur elles, inexorablement, sa marque personnelle. On ne veut par dire par là, pourtant, que la tâche du professeur Rónai ait été celle d'« effacer » la présence des traducteurs dans les textes d'arrivée. Cela serait impossible, peut-être. D'ailleurs ce serait détruire le caractère artistique de la traduction littéraire. Mais Rónai, attentif au talent de ses traducteurs

raison, il est inévitable que l'on se pose la question suivante : pourrait-on accepter une traduction en volumes épars, sans aucune liaison, de *La Comédie humaine* lorsqu'on connaît très bien la « tâche gigantesque » dont s'est occupé son auteur pour la rendre entière ? Et une fois éloignées dans le temps, ces traductions où se feraient sentir d'autres voix mêlées que celles du narrateur de l'orignal, pourraient-elles récréer la société française d'après l'interprétation qu'en faisait Balzac dans son procès de création ?

C'est en répondant négativement à ces questions que le Professeur Paulo Rónai a accepté de s'engager dans ce qu'il a appelé plus tard « l'opération Balzac ». Le public brésilien, qui a depuis longtemps une admiration voire une révérence pour la culture française, a pu trouver la traduction complète de la *Comédie Humaine* au XXe siècle, plus précisément dans les décennies de 40 et 50. À cette époque, étant donné l'interruption de l'édition des œuvres françaises contemporaines pour cause de la Seconde Guerre Mondiale, les maisons d'édition se sont adressées aux auteurs « classiques ». C'est ainsi que la Editora Globo a décidé de faire traduire toute l'œuvre de Balzac, en invitant Paulo Rónai à préfacer la grande (et ambitieuse, il faut le dire) édition. Et pourquoi le Professeur Rónai, lui qui n'était pas brésilien, mais hongrois?

D'abord parce que le Professeur connaissait l'œuvre de Balzac comme très peu de gens au Brésil. Ayant choisi l'exil dû à la Guerre, Paulo Rónai était déjà un passionné de langues. Excellent professeur de latin et de français, il accepterait de bon gré la proposition de la Globo. Cependant, en lisant les premiers romans et contes de l'œuvre, Rónai s'est vite rendu compte de leur manque d'unité et « d'unicité », vu qu'il s'agissait du résultat du travail de plusieurs traducteurs. Il faudrait donc tâcher de récupérer la totalité de Balzac, laquelle se montrait surtout dans l'intégrité de sa *Comédie.* Ainsi, a-t-il proposé de faire non pas une préface générale à l'œuvre balzacienne, mais plusieurs petites introductions qui envisageaient présenter individuel-

---

et à la fois connaisseur de l'œuvre balzacienne, a pu plutôt développer les « voix » de l'auteur, en les rendant plus nettes au moyen de ses notes, qui ont aidé les lecteurs du texte traduit à comprendre les repères de Balzac, et quelquefois la présence d'« autres sujets » chez ce narrateur.

lement chaque conte ou roman, ce qui lui a fait produire plus de 80 préfaces. Outre cela il y avait les difficultés rencontrées pour standardiser les noms propres, les noms des lieux, ainsi que, d'autre part, les jeux de mots, les anagrammes, l'étymologie et les homonymes et les repères spécifiques dont Balzac n'épargnait pas l'usage et qui exigeaient, d'après le Professeur, une vérification des plus minutieuses entre les originaux et les traductions. Voilà l'explication pour la présence des 12000 notes qu'il a dû rédiger. Bref, le résultat de cette péripétie s'est manifesté dans les 17 volumes qui composent une traduction elle aussi monumentale: 15 ans de travail et un autre livre, une anthologie de ses conférences autour des problèmes de traduction de *La Comédie humaine*, qui s'appelle, à juste titre, *A tradução vivida* (*La Traduction vécue*)[9]. Et c'est dans les pages d'un tel livre que l'on pourra lire les plaintes du Professeur: il attendait l'occasion de corriger les défauts qu'il trouvait encore dans l'ensemble de la traduction de la *Comédie*. En effet, la réédition n'est venue que trente ans plus tard, lorsque le Professeur a finalement pu faire la révision qu'il croyait si nécessaire.

Ce travail justifierait, en fait, le titre de l'article de sa fille (transcrit au-dessus) pour le journal *O Estado*: « Papa, toute une vie dédiée à Monsieur Honoré de Balzac ». Depuis sa jeunesse, Paulo Rónai se penchait sur les textes balzaciens. Déjà à la bibliothèque de Chantilly, en France, il avait étudié les premiers livres que l'écrivain ne signait que d'un pseudonyme – sujet de sa maîtrise portant le titre « A la marge des romans de jeunesse d'Honoré de Balzac » (1930). Plus tard, il écrirait au Brésil *Balzac e A comédia humana* (*Balzac et La Comédie humaine*), en 1957, une étude de l'œuvre, dans laquelle se trouve un chapitre intitulé « Le Brésil dans la vie et dans l'œuvre de Balzac » qui analyse la présence brésilienne dans la *Comédie*.

Les traductions brésiliennes de *La Comédie humaine*, bénéficiaient, bien entendu, de la compétence de bons professionnels et même de celle de poètes tels Carlos Drummond de Andrade et Mário Quintana, dont le génie fut loué par le Professeur Rónai. Toutefois, il

9. RÓNAI, Paulo. *A tradução vivida*. Col. Logos, Rio de Janeiro: Nova Fronteira, 1975.

faudrait envisager ce travail comme le résultat de deux dévotions, de deux amours de Rónai. C'est d'abord l'amour de la littérature française qui l'avait fait plonger très jeune dans l'œuvre de Balzac et son dédoublement, lequel s'est fait dans la culture brésilienne, car il avait déjà appris le portugais chez lui, où il avait également conçu une anthologie de poésie brésilienne (*Mensagem do Brasil*, 1939).

De plus, il serait intéressant de remarquer que l'empressement de Paulo Rónai s'est aussi appliqué à la traduction, dont il a fait un moyen d'expression, non pas subalterne, mais à la hauteur de l'œuvre originale. Il a réalisé exactement ce que le poète et théoricien français Henri Meschonnic proposait dans ses études : une sorte de « déssacralisation »[10] de l'original, ce qui ne présuppose aucunement sa dévalorisation, mais une création en tant qu'œuvre de coauteur.

Accablé de fatigue par son incessant travail, Honoré de Balzac lui-même aurait avoué une certaine fois: « on parle des victimes de la guerre, des épidémies, mais qui penserait au champs de bataille des arts, des sciences, des lettres et quant aux efforts violents pour y triompher qui entassent des morts et des mourants[11]? ». On pourrait reprendre, peut-être, ces paroles en ce qui concerne le travail du Professeur Rónai. Lui qui était victime de la guerre, d'une certaine façon chassé de sa terre natale, et qui a transforme le Brésil – son pays d'adoption – en champs de bataille des arts. C'est grâce à son initiative que les Brésiliens peuvent tous aujourd'hui accéder à la monumentale œuvre balzacienne, et qu'au moyen de cette « opération Balzac » on a vu s'ériger, en langue portugaise, un monument digne de la stature de son auteur.

10. Meschonnic, Henri. *Pour la poétique II*, Paris: Gallimard, 1973.

11. Cité par: Braga, Teófilo. "Balzac e o naturalismo no romance", in "Biblioteca do século", *O Estado de São Paulo*, São Paulo, 1951.

Os textos de Philippe Berthier, Edmond Nogacki e Ronan Prigent foram traduzidos do francês por Luciano Vieira Machado. O texto de Gérard Grimberg foi traduzido por Mônica Cristina Corrêa. Anne-Marie Grand, Leda Tenório da Motta, Heloisa B. A. Costa e Laurent Desbois forneceram seus textos nas duas línguas, o que os editores agradecem expressamente.

O Colóquio Balzac foi realizado nos dias 26 e 27 de abril de 1999 na Aliança Francesa de São Paulo (Centro) e na Livraria Cultura (S. Paulo).

• • •

Les textes de Philippe Berthier, Edmond Nogacki et Ronan Prigent ont été traduits en portugais par Luciano Vieira Machado. Le texte de Gérard Grimberg a été traduit par Mônica Cristina Corrêa. Anne-Marie Grand, Leda Tenório da Motta, Heloisa B. A. Costa et Laurent Desbois ont livré leurs textes dans les deux langues, ce dont les éditeurs tiennent à les remercier.

Le Colloque Balzac a eu lieu à l'Alliance Française (Centre) et à la Livraria Cultura, à São Paulo, les 26 et 27 Avril 1999.

Este livro foi composto em Times new Roman 11 por 13, 2 e Bodoni 11 por 13,2 e impresso sobre papel Chambril 75 g/m² nas oficinas da OESP Gráfica em dezembro de 1999.